本书获 2024 年度上海交通大学出版社学术著作出版基金资助
获 2022 年度国家社科基金一般项目“政区视野下特大城市基层协同治理机制的空间困境与优化路径研究”（编号：22BZZ059）资助
获上海哲学社会科学智库青年领军人才专项“中国式现代化与超大特大城市基层政区治理困境及其优化路径”（编号：2024TRC019）资助
获 2022 年度教育部哲学社会科学后期资助项目“城乡融合发展与基层政区治理创新研究”（编号：22JHQ068）资助

熊竞 —— 著

中国式现代化与超大特大城市政区治理：

演进历程、关联逻辑与优化路径

The Evolution, Mechanisms, and Optimization Strategies of Administrative Division Governance in Megacities and Super Cities under Chinese Modernization

上海交通大學出版社
SHANGHAI JIAO TONG UNIVERSITY PRESS

内容提要

行政区划作为具有鲜明中国特色的空间治理工具，是超大特大城市推进中国式现代化的重要路径。本书在梳理上海等超大特大城市政区治理演进历程的基础上，从中国式现代化五个特征的角度，分析了其与超大特大城市政区治理之间的关联机制，并从多维视角提出了优化路径。本书适合城市治理、行政区划制度改革等领域的研究者和管理者阅读。

图书在版编目（CIP）数据

中国式现代化与超大特大城市政区治理 ：演进历程、关联逻辑与优化路径 / 熊竞著. -- 上海 ：上海交通大学出版社，2025. 6. -- ISBN 978-7-313-32595-2

Ⅰ. F299.23

中国国家版本馆 CIP 数据核字第 2025ZL6718 号

中国式现代化与超大特大城市政区治理：演进历程、关联逻辑与优化路径

ZHONGGUOSHI XIANDAIHUA YU CHAODA TEDA CHENGSHI ZHENGQU ZHILI：YANJIN LICHENG、GUANLIAN LUOJI YU YOUHUA LUJING

著　　者：熊　竞

出版发行：上海交通大学出版社　　地　　址：上海市番禺路 951 号

邮政编码：200030　　电　　话：021－64071208

印　　制：上海新华印刷有限公司　　经　　销：全国新华书店

开　　本：710 mm×1000 mm　1/16　　印　　张：12.25

字　　数：180 千字

版　　次：2025 年 6 月第 1 版　　印　　次：2025 年 6 月第 1 次印刷

书　　号：ISBN 978－7－313－32595－2

定　　价：69.00 元

FOREWORD 前言

党的二十大报告指出：从现在起，中国共产党的中心任务就是团结带领全国各族人民全面建成社会主义现代化强国、实现第二个百年奋斗目标，以中国式现代化全面推进中华民族伟大复兴。

在中国从全面建成小康社会向全面建成社会主义现代化强国迈进的重大历史转折阶段，城市战略在国家发展中的地位更加凸显。城市发展的好坏决定了中国能否跨越中等收入陷阱，跻身发达国家行列。2020 年，中国 GDP 总量超过 100 万亿元；2019 年，中国人均 GDP 首次超过 1 万美元，距离高收入经济体门槛(约为 12 600 美元)仅一步之遥。然而，从国际经验来看，第二次世界大战后全球 100 多个经济体在试图追赶发达国家的过程中，成功跨越中等收入陷阱并实现赶超的仅有 12 个，赶超成功率只有 10%左右①。这些在人均 GDP 突破 1 万美元后陷入中等收入陷阱的经济体往往在其城市发展方面出现了问题。特别是大量拉美洲国家，以及一些东南亚国家，由于城市不堪重负、贫民窟蔓延，最终将整个国家拖入泥潭，无法在现代化进程再上一个台阶。即便在一些发达国家，有些城市由于衰败，甚至破产，也引发了一系列经济社会问题。

因此，在我国常住人口城镇化率超过 60%，从全面建成小康社会进入全面建成社会主义现代化强国的新发展阶段，以及我国构建以国内大循环为主体、国内国际双循环相互促进的新发展格局的背景下，进一步优化我国城市发展战略，特别是代表国家参与全球竞争、率先实现现代化的超大特大

---

① 编辑部. 卷首语[J]. 改革内参，2021(1)：1 .

城市的发展战略就显得更加重要。为此，党的二十大报告也指出"坚持人民城市人民建、人民城市为人民，提高城市规划、建设、治理水平，加快转变超大特大城市发展方式，实施城市更新行动，加强城市基础设施建设，打造宜居、韧性、智慧城市"。

从中国式现代化的五个特征来看，超大特大城市治理的中国式现代化与之有着紧密的对应关系。从"人口规模巨大的现代化"角度而言，正如新型城镇化是以人为本的城镇化，超大特大城市现代化也是一个特定的大尺度空间内所有市民的现代化过程。在这个过程中，超大特大城市治理需要把握好城市整体规模和最基层管理单元规模的适域化乃至最优化，以实现市民与城市的和谐共生。"全体人民共同富裕的现代化"在超大特大城市治理的中国式现代化过程中，体现的则是市民之间的关系。城市特别是超大特大城市作为一个独特空间，其使命就在于通过集聚和规模效应发展经济、创造财富。国外一些大城市可能因追求这种效率而使得城市成为"有钱人的城市""有名人的城市"。而我国的人民城市强调通过基本公共服务均等化等举措，致力于实现全体人民共同富裕的目标。"物质文明和精神文明相协调的现代化"关注的是人与自身的关系，人既需要外在的物质财富，也需要文明素质、利他精神、公益慈善等精神文明。于超大特大城市而言，既需要依靠硬实力实现强大，也需要借助软实力成就伟大。"人与自然和谐共生的现代化"在超大特大城市治理中，表现为如何保护城市生态环境，建设公园城市和美丽街区，同时更好地应对自然灾害、极端天气以及重大突发公共卫生事件等挑战。"走和平发展道路的现代化"在超大特大城市治理中，体现为如何实现自身发展与周边区域的协调共进，以及促进外来新市民更好地融入城市。

行政区划作为调节空间关系的重要治理工具，在我国城镇化进程中发挥了重要作用，也作出了重要贡献。一方面，中国的城镇化进程是一个波澜壮阔的历史进程①，这既是工业化和城镇建设的结果，也得益于行政区划调整所释放的制度活力；另一方面，从行政区划调整的动机来看，城市化无疑

① 2011年我国常住人口城镇化率突破50%，从"乡土中国"进入"城市中国"新时代。根据第七次全国人口普查数据，我国常住人口城镇化率达到63.89%，2024年底，这一比例已提升至67%。

是其中最大动力之一。总之,行政区划在城市化浪潮中扮演了重要角色。

习近平总书记于2014年2月26日指出“行政区划本身也是一种重要资源”。而随着2019年1月1日我国正式施行《行政区划管理条例》,2020年制定《行政区划管理条例实施办法》,以及民政部将2021年确定为“行政区划调整优化年”,行政区划问题的研究正从理论探讨走向政策实践。

在国家战略和政策内容上,党的十九届四中全会提出“优化行政区划设置,提高中心城市和城市群综合承载和资源优化配置能力,实行扁平化管理,形成高效率组织体系”。国家“十四五”规划再次指出“提高城市治理水平、加强特大城市治理中的风险防控”。习近平总书记在《求是》2020年第21期发表的文章——《国家中长期经济社会发展战略若干重大问题》中指出,“要建设一批产城融合、职住平衡、生态宜居、交通便利的郊区新城,推动多中心、郊区化发展,有序推动数字城市建设,提高智能管理能力,逐步解决中心城区人口和功能过密问题”。2022年6月,在中共中央总书记、国家主席、中央军委主席、中央全面深化改革委员会主任习近平主持召开中央全面深化改革委员会第二十六次会议上,审议通过了《关于加强和改进行政区划工作的意见》等文件,会议对党的十八大以来我国行政区划设置和调整工作进行了总结,强化了党中央对行政区划工作的集中统一领导,并对未来的行政区划研究和工作提出了进一步的要求。

对于我国超大特大城市发展而言,无论是理念上的新发展方式,还是空间上的新发展格局,都需要与之相适应的行政区划新结构予以支撑。特别是党的二十大报告提出了“中国式现代化”的重要战略部署,我国超大特大城市发展进入治理的中国式现代化新阶段,政区治理无疑将继续发挥重要而独特的作用。

一方面,从世界范围来看,中国的行政区划历史最悠久、内容最丰富,行政区划也是我国城镇化进程中最具特色的空间治理工具之一。另一方面,正如前文所述,超大城市治理中国式现代化的五个特征与行政区划密切关联。行政区划调整对城市规模治理具有促进和优化作用,将更好地实现超大特大人口规模城市的现代化;基层区划调整对基本公共服务均等化具有促进和优化作用,将更好地实现城市空间的均衡发展和公平正义;政区地名的历史保护以及人文化、美感化调整也是提升城市软实力的一个路径；政区层级的扁平化改革和边界治理等，为超大特大城市应对自然界各种风险挑战提供了路径，而参考政区建制化逻辑的“河长制”等管理创新，也为生态治理提供了政策工具；行政区划的合并与跨界联动在超大特大城市区域化发展中，有着独特的减少空间交易成本、提升整体空间治理效率的重要功能。

本书是在笔者近年来所做的超大特大城市政区治理的相关论文、课题和咨政建言的基础上，从聚焦性、系统性和创新性角度又进行了整合、完善和深化，尽管已有内容涵盖多个主题，但其主线始终围绕超大特大城市的政区治理展开。这是因为行政区划研究本身就是一个涉及多学科交叉的综合性研究主题。本书的总体逻辑架构遵循行政区划的应有之义，从“历史沿革”“多维视角”“实践导向”三个维度展开。

本书在章节结构上共分为三个部分。

第一章是“超大特大城市政区治理的历史演进”。第一节对我国当代市制的基本脉络和要素变迁特点进行了系统分析，并指出了其中的变迁逻辑和面临的制度困境；第二节则聚焦于我国超大特大城市，借助政区治理分析框架，对上海、北京等典型超大特大城市的政区治理演进历程进行了脉络梳理，并指出了演变中的逻辑特征。

第二章是“超大特大城市政区相关要素治理的专题分析”。本章主要围绕中国式现代化的五个特征，在超大特大城市尺度下探讨其具体体现，以及其与政区治理的内在关联。具体而言，“人口规模巨大的现代化”在超大特大城市中意味着城市规模的现代化，行政区划通过空间划分影响城市规模结构，包括通过基层规模设置优化来实现居民的现代化需求；“全体人民共同富裕的现代化”在超大特大城市中则至少可以体现在基本公共服务的均等化和整体市域空间的均衡化两个方面，而政区治理对于提升基本公共服务均等化水平和促进新城新区发展都具有制度效用；“物质文明和精神文明相协调的现代化”则可以在超大特大城市精细化管理文化上予以体现，然而，基层建制类型的短缺造成了精细管理在社区层面的不适应，由此推出的社区分类治理试图弥补这一短缺，但其在自身探索中也面临相应的挑战；“人与自然和谐共生的现代化”在超大特大城市治理中的一个体现，就是通过减少自然灾害、重大公共卫生等应急事件对城市的冲击，提升城市治理现代化水平，在此过程中，政区治理与应急管理之间有着诸多的制度关联；“走和平发展道路的现代化”在超大特大城市尺度上则体现为超大特大城市与周边城镇和乡村的共同发展，进而实现区域协同和一体化发展格局的现代化，而政区治理通过“政区治理化”和“治理政区化”两个方面对区域一体化进程产生了重要影响。

第三章是“超大特大城市政区治理的路径优化”。本章从当代市制优化、政区治理现代化、上海五个新城政区治理优化、社区分类治理优化、居民区规模设置优化等方面对超大特大城市政区治理优化路径以及现代化路径进行了探讨，旨在为超大特大城市政区治理提供具有针对性和可操作的建议，推动其治理水平迈向更高台阶。

CONTENTS 目录

第一章

超大特大城市政区治理的历史演进

“政区由国家立法所创置或撤废，具有可变性特点”，“另一方面，政区又有继承性、延续性的特点，中国政区的现状并非凭空而来，是历史上长期发展演变的结果”。

——周振鹤(2019)

第一节　中国当代市制的演进逻辑

晚清以来，中国市制历经了借鉴探索的狭域自治市制、曲折增长的狭域行政市制、数量速增的广域行政市制和质量提升的适域治理市制四个阶段。而作为政区三要素的市镇建制、政区空间和行政单位，在演进逻辑上分别对应的是实现建制和要素城市化的协调、找到市制适域尺度单元，以及优化城市组织体系。市制要更好地发挥其在城市治理现代化中的制度效能，还需在政区三要素上持续改革。未来，市制发展应注重通过丰富建制类型、优化空间形态、压缩行政层级等改革举措来提升城市韧性。

一、从政区视角研究当代市制的重要性

市制作为保障和促进城镇高效有序发展的基础性和框架性制度，是国家治理体系和治理能力现代化的重要组成部分。在梳理市制演进脉络中透析市制要素的内在规律，则是寻找全面深化市制改革方向、构建更加成熟市制体系的必然路径。关于中国市制的研究，已有不少学者从不同学科视角针对不同历史阶段展开了丰富讨论。然而，还未有研究站在政区治理视角，

以政区要素的系统性作为分析框架，梳理我国当代市制的变迁特点和经验启示。市制作为晚清才传入我国的制度“舶来品”，在百年演进中，是如何与中国特色城镇化道路相结合的？其演进逻辑是什么？在面对新时代我国城市治理的新变化时，市制又该如何优化？要更好地回答以上问题，需要深入政区治理中各要素及其结构关系中进行探讨。本书从这一视角和分析框架出发，对上述三个问题进行探讨和解答，以期为构建具有中国特色的市制体系、推动国家治理体系现代化提供相关理性思考。

市制有广义和狭义之分。从广义而言，市制包括已城市化和正在城市化区域的基础设施建设、经济发展、社会建设、人口管理、生态环境、安全应急等一系列事务相关的行政组织结构、职能结构、管理方式和运行机制的总和①。例如在要素和层次上，市制“兼有城市建制、市政体制和城市政府间权力关系三个要素或三层含义”②。从狭义而言，市制则是城市发展过程中从行政区划的角度专门为城市型区域设置的一整套制度体系，即在客观形成的城市景观空间上主观设立的专门的城市行政建制类型。设市则是城市从地域建构到制度建构的过程。狭义市制，即行政区划角度的城市制度。相较于广义市制更为丰富和庞杂的制度研究内容而言，狭义市制更具有本质性、整体性和先行性的特点。因此，从政区视角切入市制研究，对于把握市制规律、优化市制体系、推动市制改革等无疑具有“事半功倍”的分析效果。然而，诸多的狭义市制研究，虽然都涉及政区视角，包括历史演变与改革③、县下辖市④⑤、大镇设市⑥、地级市研究⑦、直辖市研究⑧、设市理念⑨、国

① 刘君德，汪宇明. 制度与创新：中国城市制度的发展与改革新论[M]. 南京：东南大学出版社，2000.

② 朱光磊，何李. 从竞争到伙伴：中国市制改革的政治逻辑[J]. 南开学报(哲学社会科学版)，2017(1)：1-11.

③ 刘君德，范今朝. 中国市制的历史演变与当代改革[M]. 南京：东南大学出版社，2015.

④ 刘君德. 县下辖市：尝试一种新的政区制度[J]. 决策，2005(4)：34-35.

⑤ 贺曲夫，刘焱，孙继英. 我国县下辖市的可行性探讨[J]. 热带地理，2010，30(2)：167-172.

⑥ 黄忠怀，周妙. 新型城镇化背景下“超级大镇”设市研究[J]. 北京行政学院学报，2013(4)：10-13.

⑦ 赵丽江，陈标. 地级城市治理空间与层级的多元选择[J]. 国家行政学院学报，2014(3)：53-57.

⑧ 刘君德，马祖琦，熊竞. 中央直辖市政区空间组织与制度模式探析：理论架构、比较分析及实证研究[M]. 南京：东南大学出版社，2012.

⑨ 朱建江. 从“广域型市制”到“聚落型市制”：协调平衡发展下的城乡管理体制优化研究[J]. 南京社会科学，2019(1)：89-93.

外市制比较[①]等，但大多是自发、自在、单向度、碎片化的研究，从政区要素结构系统视角出发进行的自为、自觉、多维度、整体性的研究还不多见，尤其在长时段梳理、逻辑性总结以及未来性探讨方面的研究薄弱领域亟待弥补。本书拟在构建政区三要素分析框架的基础上，对我国市制的百年演进进行梳理，进而探讨其内在逻辑，并最终基于该逻辑提出未来市制优化的路径。

二、中国市制的政区三要素分析框架

行政区划作为“体国经野之道”，在不同学科中有不同的理解。法学[②]、政治学[③]、历史地理学[④]、政区地理学[⑤]、政治学和公共行政学[⑥]的著名学者，出身政府主管部门的学者[⑦]等都从各自角度对行政区划概念进行了界定，并延伸出了政区要素的组成。要素作为构成事物核心基本单元的成分，是全面系统又切中要害地表达概念和事物，从而深入分析规律探究内在本质的重要分析工具。从政区视角研究市制，一方面要从市制整体概念要素中抽离出政区要素作为集中分析对象，另一方面要从政区整体概念要素中构建与城市型政区相关的要素结构。就前者而言，包括从法律[⑧][⑨]、政府间关系[⑩]、市制的政治属性及其改革[⑪]、市政制度[⑫]等内容中析出与政区要素相关的内容；就后者而言，行政区划的类型一般包括地域型政区、城市型政区、民族型政区、特殊型政区[⑬][⑭]。因此，市制的政区分析重点是如何结合政区

---

① 熊竞. 国外市制模式的经验借鉴：兼论我国的设市制度[J]. 江汉论坛，2014(3)：12-16.

② 中国大百科全书编委会. 中国大百科全书[M]. 北京：中国大百科全书出版社，1984.

③ 张文奎，刘继生. 政治地理学[M]. 南京：江苏教育出版社，1991.

④ 周振鹤. 行政区划史研究的基本概念与学术用语刍议[J]. 复旦学报(社会科学版)，2001(3)：31-36.

⑤ 刘君德，范今朝. 中国市制的历史演变与当代改革[M]. 南京：东南大学出版社，2015.

⑥ 田穗生，罗辉，曾伟. 中国行政区划概论[M]. 北京：北京大学出版社，2005.

⑦ 浦善新. 中国行政区划改革研究[M]. 北京：商务印书馆，2006.

⑧ 张献勇. 我国市制遭遇十大宪法尴尬[J]. 人大研究，2005(6)：37-39.

⑨ 张震. 中国市制改革之探讨：以“市”的宪法内涵为主线[J]. 政治与法律，2015(4)：107-110.

⑩ 朱光磊，何李. 从竞争到伙伴：中国市制改革的政治逻辑[J]. 南开学报(哲学社会科学版)，2017(1)：1-11.

⑪ 于鸣超. 中国市制的变迁及展望[J]. 战略与管理，1999(5)：78-89.

⑫ 王佃利. 现代市政学[M]. 北京：中国人民大学出版社，2004.

⑬ 刘君德，靳润成，周克瑜. 中国政区地理[M]. 北京：科学出版社，1999.

⑭ 田穗生，罗辉，曾伟. 中国行政区划概论[M]. 北京：北京大学出版社，2005.

共性要素结构，构建与城镇化相关的政区要素框架。此外，广义的行政区划还包括要素之间的调整和转换，即行政区划调整。浦善新把行政区划变更分为六类①，一次行政区划调整可能涉及一类或几类要素的变更。市制要素分析框架，不仅涉及单一要素的特点、要素之间的关系，还涉及要素调整的机制和规则等。

结合以上分析，市制的行政区划体系，是包括了城市的政区人口、政区面积、政区中心、政区建制、隶属关系、政区等级、政区专名等要素，在进行设置、变更和撤制时，所涉及的理念、标准、流程、评估、监督和处罚等一整套制度。如果要构建一个市制的政区要素结构体系，可以从市镇建制、政区空间和行政单元三个要素来梳理以上相关要素，并形成相应的结构体系。

市镇建制外在表现为建制的名称，即直辖市、市、镇、街道办事处，或者是"都"等。其背后的支撑，一方面是城市型政区②设撤的理念原则，即国家战略和地方目标的体现；另一方面是城镇化发展的动力，例如乡村工业化、外向型工业化、园区开发、服务经济，以及生态、科技、人文等因素驱动的城镇发展。

政区空间则包括以城乡空间比（也是实体空间、城市建成区与市行政空间的比例）来区分的广域市制、狭域市制或适域市制③，市域空间的幅员规模大小（空间面积与人口规模），行政边界的刚性约束程度以及政区的形态等。行政单元是政府和权力运作的机构组织、体制机制等的总和，包括城市在隶属关系上是城市型政区辖城市型政区，还是城市型政区辖地域型政区，抑或是地域型政区辖城市型政区等；在层级上是省级、副省级、地级、副地级、县级、科级，甚至村级市等；在等第上是否有划分以及城市政府驻地（行政中心）的布局等。其内在的逻辑关系是，市镇建制要素其实是回答为何要

---

① 浦善新. 中国行政区划改革研究[M]. 北京：商务印书馆，2006.

② 政区类型一般划分为地域型、城市型、民族型和特殊型四类。参见：刘君德，靳润成，周克瑜. 中国政区地理[M]. 北京：科学出版社，1999.

③ 以城乡地域空间比以及由此带来的规模大小为依据，一般将市制分为广域制、狭域制和适域制三类。广域是指市制划定的政区空间大于城镇建成区面积，即政区空间中包含一定规模的乡村地域；狭域是指市制划定的政区空间小于城镇建成区；适域则是指建制市划定的政区空间与城镇建成区面积相吻合。

设置建制市镇，即其时代背景、现实基础以及建制市镇的类型和数量的问题。政区空间是回答如何设置建制市镇的问题。空间结构是设置建制市镇最为重要的方式，包括新设立的城市型政区背后也是城市设置的空间组织模式的制度映射。例如切块设市其实就是反映在城乡比例中，基本以城市型地域为主，整县改市等整建制设置和多中心组合模式则一般体现为城乡比例中乡村地域面积占比较大①。

行政单位则也是回到如何设置这一问题，它更多的是反映城市建制作为一个整体管理机构在整体行政体系中如何定位，包括隶属关系、层级结构、级别等第、城镇组织体系等。此外，行政单位驻地，即城市行政中心设置也是通过行政单位这一核心要素来体现。根据以上内容绘制的市制政区三要素结构分析框架图如图 1-1 所示。

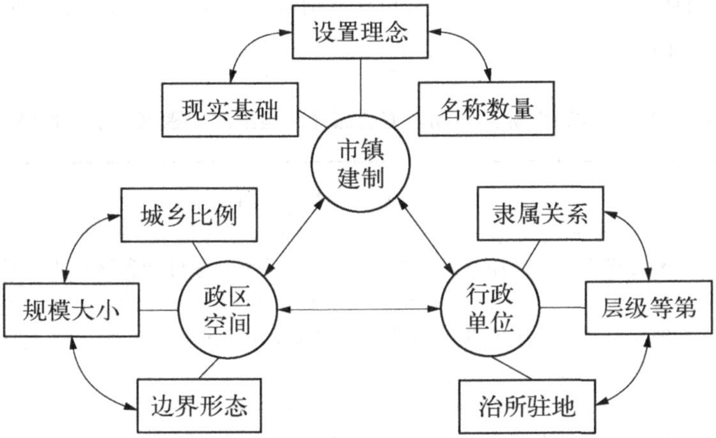

图 1-1　市制政区三要素分析框架

三、中国当代市制沿革的基本脉络和要素变迁特点

行政区划具有鲜明的沿革特点②，以政区三要素分析框架对我国近现代市制演进逻辑进行分析，可划分为四个阶段。

---

① 刘君德，汪宇明. 制度与创新：中国城市制度的发展与改革新论[M]. 南京：东南大学出版社，2000.

② 田穗生，罗辉，曾伟. 中国行政区划概论[M]. 北京：北京大学出版社，2005.

（一）萌芽与诞生（1949年前）：中国近代市制创设与设置的特点

中国的城镇建设和发展由来已久，但是行政区划意义上狭义的中国市制则是新生事物。尽管从广义而言，针对城市和城镇有一些零星的管理制度，包括古代的镇、坊、厢、务、墟、步等基层城镇型区划①，以及近代开埠以来上海、北京等少数大城市施行的西方市政管理制度。直到1908年12月，清政府颁布《城镇乡地方自治章程》，才首次从全国性制度层面提出了城乡分治的建制单位设立，拉开了中国近代市制创立的序幕。这些制度安排为中国市制的创立奠定了基本框架。其中标志中国近代市制正式确立的是1921年2月和7月广州政府和北洋政府先后颁布的《广州市暂行条例》和《市自治制》。

从市制政区三要素来分析中国近代市制的诞生过程，主要体现的是“借鉴探索的狭域自治制”，其核心是首次在制度上启动城乡分治并强化基层自治（见表1-1）。

表1-1 近代市制诞生时期以借鉴域外经验形成的狭域自治市制特点

政区要素	具　体　内　容
市镇建制	设置理念：资产阶级民主“宪政”运动下的地方自治和城市重要性凸显
	现实基础：中国悠久的城镇发展基础，近代民族资本主义工商业发展和外来资本主义
	数量名称：类型由“城、镇”统一为“市”，再分“特别市”和“普通市”，已有市辖区专名，但数量都较少
政区空间	城乡比例：以城镇实体空间和人口的狭域设置为主
	幅员大小：以城市人口为主，规模从1万到100万不等
	边界形态：边界形态未有特别明显特点，强调市镇建制空间边界处的合作治理

① 王旭．宋代县下基层区划的“双轨体制”研究：以太湖流域的乡、镇为中心[D]．广州：暨南大学，2017．

续　表

政区要素	具　体　内　容
行政单位	隶属关系：早期都由地域型政区管辖，后期也下辖地域型政区
	层级关系：早期以基层政区为主，后期级别提升至省级等高层；实行等第制
	治所驻地：一般设置在所隶属的地域型政区行政中心

（二）平稳与曲折（1949—1978 年）：工业化曲折发展中的当代市制波动

1949 年新中国成立，中国市制在延续苏区时期制度的基础上，本着强化城市政权建设和保障工业化的目标，先是以宽松的设市标准为主，城市等级上也以高配为主。随着国家城市政权的逐步稳定，节约行政成本成为市制发展的重要因素，而设市门槛也相应提高且规范性不断提升。1955 年 6 月，国务院发布《国务院关于设置市、镇建制的决定》。这是新中国成立以后第一部关于市镇设置的正式法律文件。

1958—1960 年的工业化“大跃进”也引发了市制的“大跃进”，但这种市制发展中的“大起”由于缺乏必要的经济社会发展基础，同时又遭遇三年困难时期，给市制发展带来了巨大压力。1960 年，中央提出“调整、巩固、充实、提高”的八字方针，在市制政策上，则采取了压缩城市人口并缩减市镇建制的做法。1963 年 12 月，中共中央、国务院制发了《关于调整市镇建制，缩小城市郊区的指示》。根据这一指示，有关部门对建制市逐个进行了审查，撤销了不合条件的市。1966 年“文化大革命”开始后，我国市制遭受空前的破坏①。

从市制政区三要素来分析新中国成立后到改革开放前的市制特点，可以概括为“曲折发展的狭域行政制”，其核心是被动采取了城乡分治的狭域政区空间，城市管理也从新中国成立前的基层自治转向集权体制下的行政管治（见表 1-2）。

---

①　刘君德，汪宇明. 制度与创新：中国城市制度的发展与改革新论[M]. 南京：东南大学出版社，2000.

表 1－2　新中国成立后到改革开放前伴随曲折发展形成的狭域自治市制特点

政区要素	具　体　内　容
市镇建制	设置理念：从巩固城市政权的从宽，到节约行政成本的从严，到“大跃进”的从宽，再到“八字方针”的从严，到后期的混乱停滞
	现实基础：既要稳定城市政权，也要考虑财政基础，还要顺应工业化进程以及人口政策
	数量名称：建制数量缓慢增长，名称继承新中国成立前的类型，增设街道办事处和居民委员会
政区空间	城乡比例：先是以狭域为主，后期出现广域为主的“大跃进”，在粮食供给和经济波动情况下，被动回调狭域制
	幅员大小：以城镇人口为主，规模先大增后大减，波动特征明显
	边界形态：大行政区体制和城市扩张动力有限环境下城市边界问题不突出，狭域制下空间扩张以切块式为主
行政单位	隶属关系：先高层直辖，后下移地方，以地域型政区辖城市型政区为主，探索了市领导县体制，但由于经济原因搁浅
	层级关系：从中央直辖的省级政区向省级直辖的副省和地厅级转变，等第制度取消
	治所驻地：一般设置在所隶属的地域型政区行政中心

注：从新中国成立后的市制区划来看，以狭域市制为主，尽管中期出现了市领导县和县改市，即市制广域化，但在 20 世纪 60 年代中期都回调了，即使一些直辖市仍领导若干县域，但在市域内部仍保留县制，并在设立市辖区时都采取狭域设置的方式。

（三）正轨与加速（1978—2011 年）：快速城镇化进程中的市制发展与反思

改革开放重启中国城镇化进程，由此也迎来了市制发展的“春天”。如果说改革开放前我国设市指导思想总体是相对控制，设市标准是被迫从严，设市空间以狭域为主，那么改革开放后则走上了积极发展、标准从宽、广域空间为主的道路。

1982 年，为发挥城市带动作用，党中央和国务院决定在经济发达地区改革地区体制，实行地市合并以及市领导县体制，由此开启了我国广域市制的新发展阶段。1983 年 5 月，民政部和原劳动人事部向国务院上报的《关于地市机构改革中的几个主要问题的请求报告》，则更是明确了我国设市理念上由限制发展转为积极发展，在设市模式上首次明确整县改市制度，在设市标准上首次使用经济指标。随后，城市的地方立法权也从直辖市延伸到了较大的市，设区的市和市辖区的人大、城市政府的任期则从每届 3 年延长到 5 年，可见无论中央还是地方，都在通过释放发展权来激发城市活力，加速城市发展。1993 年 2 月 8 日，民政部向国务院上报了《关于调整设市标准的报告》，对设市标准再度做了调整，宽松的设市标准也使得地市合并设立地级市和整县改市的广域设市，成为我国新建制市诞生的主要路径。然而，在城市化快速推进的同时，县改市标准的调整则较为滞后，偏低的设市标准①以及城市化的"冒进"思想引发了全国的设市热，导致土地开发失控、耕地流失，甚至出现了"贫困市"等不合常理的城市现象②。1997 年，国务院做出冻结审批县改市的决定。

从市制政区三要素来分析改革开放后到党的十八大召开这一时期的市制特点，可以概括为"数量增长型的广域行政制"，其核心是采取了城乡合治的广域政区空间，在放权让利改革中大幅增加城市自主权，城市发展和管理的积极性空前提升（见表 1 - 3）。

表 1 - 3　改革开放后到党的十八大之前以数量增长为主形成的广域行政市制特点

政区要素	具　体　内　容
市镇建制	设置理念：从城乡分治到城市领导乡村的区域合治转变，放宽标准、积极鼓励设市
	现实基础：乡镇工业异军突起，城市各类开发区经济快速发展
	数量名称：名称上并无大的变化，建制数量大幅增长

① 例如到 1997 年暂停县改市，然而 1997 年底，在全国 1 675 个县中，符合整县改市各项标准的县还有 803 个，占总县数的 47.9%。参见：戴均良. 中国市制[M]. 北京：中国地图出版社，2000.

② 戴均良. 中国市制[M]. 北京：中国地图出版社，2000.

续 表

政区要素	具　体　内　容
政区空间	城乡比例：大量乡村区域与城镇区域共同组成市域空间，广域制特征
	幅员大小：人口规模不断扩大，地域面积快速扩张，城市越来越大
	边界形态：边界冲突出现并加剧，行政区经济现象突出
行政单位	隶属关系：市管县(市)快速发展，城市型政区管辖地域型政区为主
	层级关系：为形成有效激励，层级越来越多，副省级和副地级市、副县级镇出现
	治所驻地：行政中心的中央商务区(CBD)化，调整行政中心拉动城市新区发展

(四) 优化与创新(2011—2019 年)：新时期市制发展及改革展望

2011 年是中国城镇化历史上的一个重要节点，因为这一年中国城镇人口达到 6.91 亿，城镇化率首次超过 50%，达到 51.27%。时任国务院总理温家宝在 2012 年的政府工作报告中指出“城镇化率首次超过 50%，这是中国社会结构的一个历史性变化”。市制作为顺应和促进城市发展的重要基础性制度，也必然需要做出相应的优化和调整，甚至创新。2012 年 11 月，党的十八大召开，全会报告指出“优化行政层级和行政区划设置”。随后，党的十八届三中全会通过的《中共中央关于全面深化改革若干重大问题的决定》进一步提出“优化行政区划设置”。2014 年，中共中央、国务院印发的《国家新型城镇化规划(2014—2020 年)》再次指出“完善设市标准，严格审批程序，对具备行政区划调整条件的县可有序改市，把有条件的县城和重点镇发展成为中小城市”。随着一系列文件的出台，市制改革也再次成为各界讨论的热点，特别是对于 1997 年封存的整县改市政策，由于积压时间太长，已明显难以适应全国城镇化发展的新形势。

在设市这一核心问题上，政策导向主要沿着两条路径展开，一条是重新回归改革开放前切块设市的探索试点，另一条是完善整建制设市标准。在探索切块设市试点上，主要是在现有制度框架下推行“镇改市”。例如 2015

年出台的《国家新型城镇化综合试点方案》将浙江省苍南县龙港镇、吉林省安图县二道白河镇列为“镇改市”国家试点，2019 年龙港镇成功改市。2016 年，中共中央办公厅、国务院办公厅出台《关于深入推进经济发达镇行政管理体制改革的指导意见》，也对一些大镇、超级镇提出了建制改革的方向。另外一条路径就是在完善整建制设市标准的基础上，放开封存了近 20 年的整县改市政策。2013 年，党的十八届三中全会当年，全国就有 3 个县完成了整县改市，分别是吉林省扶余县、云南省弥勒县、青海省玉树县；2014 年，即发布《国家新型城镇化规划（2014—2020 年）》的当年，云南的香格里拉县也进行了改市；2016 年、2017 年和 2018 年 3 个年份分别通过撤县设市设立了 3 个、6 个和 12 个县级市。

党的十九大报告提出“以城市群为主体构建大中小城市和小城镇协调发展的城镇格局”。城市群、都市圈、大湾区等成为研究热点，针对城市群的市制改革呼声也随之再次出现。进入新时代，市制改革最大的一个进展就是国务院颁布的《行政区划管理条例》。该文件是首次以法律的方式对我国行政区划管理进行顶层设计，虽然这是一部针对整个行政区划工作的文件，但其中专门涉及城市型政区的制度内容也不少。可以说，《行政区划管理条例》为新时代市制改革指明了方向、划定了框架、提供了保障。

从市制政区三要素来分析党的十八大以来中国市制特点，可以概括为“质量提升型的适域治理制”，其核心是在破解“大城市病”的同时，以新技术提升市制设置的科学性，进而实现城市治理体系和治理能力现代化（见表 1 - 4）。

表 1 - 4　党的十八大后以质量提升为主形成的适域治理市制特点

政区要素	具　体　内　容
市镇建制	设置理念：重启县改市，法治化、规范化、科学化地制定增设标准
	现实基础：城市内部更新，城市外部都市区化、都市圈化、城市群化
	数量名称：探索适合都市圈、城市群的建制名称

续 表

政区要素	具　体　内　容
政区空间	城乡比例：更加合理地制定城乡空间比，城市发展带动乡村振兴，适域化
	幅员大小：人口规模不断扩大，地域面积快速扩张，城市越来越大
	边界形态：边界冲突仍时有发生，探索跨界治理和一体化治理的需求越来越迫切
行政单位	隶属关系：省直管县探索，隶属关系呈现多模式
	层级关系：维持现状，镇改市模式中经济发达镇的升格探索
	治所驻地：行政中心的过度密化，探索行政副中心设置和城市多中心布局

四、政区三要素结构视角下市制变迁逻辑及制度困境

从政区三要素视角来总结我国当代市制的演进，它历经了四个主要阶段：新中国成立前的"借鉴探索的狭域自治市制"，新中国成立后到改革开放前的"曲折增长的狭域行政市制"，改革开放到党的十八大前的"数量速增的广域行政市制"，党的十八大后到目前的"质量提升的适域治理市制"。在这一脉络中，我们首先从三个要素来分别梳理其逻辑线索及制度困境。

（一）建制设置演进逻辑：建制城市化与要素城市化之间的协调

晚清以来，当代城市建制的设立、审批和管理的理念演变，历经了学习借鉴——主动探索——鼓励从宽——主动从严——跃进过宽——被动收缩——混乱停滞——积极推动——紧急暂停——重启促进——科学谋划等十余次转变。从某种意义而言，城市建制政策的多次转向是国家治理体系不断探索、试错、发展、改革、创新的一个体现。市制作为针对城镇化地域不断增多而专门设置的建制类型，其目标是通过建制设立，来保障和促进城镇化的有序推进，而核心是保持建制城市化的进程与产业、人口和地域等要素的城市化进程相一致。然而，这种一致面临要素城市化的动态发展性与建制城市化的静态制度刚性之间的内在张力甚至冲突。这也是建制设置演进中出现多次转变的原因之一。因此，自市制诞生以来，建制设置演进的核心

逻辑在于找到建制城市化与产业、地域和人口等要素城市化之间的均衡。而这种均衡的实现，则在于在遵循两大逻辑下对两大制度困境的有效破解。

第一个逻辑是要注重建制城市化速率与要素城市化速率的协调，目标是解决城市化发展动态性，特别是高速城市化进程中要素城市转型的嬗变性，与建制城市化作为制度供给的相对刚性之间的矛盾。对于我国而言，长期的城乡二元分割体制下的城市偏向体制，使得人们在概念中对“城市”的向往和追求不仅来自地域差异，更出于等级高低，从改革开放前的“跳农门”，到改革开放后的“孔雀东南飞”和数亿城市农民工，都反映了人们对城市有异常的偏好和过多的向往，而市制作为城市的“官方认证”和制度性认可，使得地方政府将其作为显性业绩而奋力“追逐”。建制城市化的制度初心和应然定位是因地域类型变化而匹配的管理体制，但当其异化为追求权力等级而使用的政策工具后，则又必然导致建制城市化快于地域城市化，而一旦建制城市化过快，往往容易衍生出耕地流失、数据失真、制度失效等负面问题。更为糟糕的是，政区调整中常常存在的“一刀切”和“盲目跟风”逻辑，又可能进一步将这种负面影响演变为波及全国的问题。例如，20 世纪 60 年代“大跃进”时期的大量设市、20 世纪 90 年代中期的大量撤县设市以及随后出现的诸多贫困市正是这一调整方式的负面案例。然而，随着设市热的降温，往往易矫枉过正，出现市制紧缩从而抑制城市化，甚至阻碍城市化的问题。究其原因，市制中设市标准的不完善、设市程序的不规范以及政区制度自身的“高弹性”①和“间断性”②造成了建制城市化与要素城市化速度上的不匹配。

第二个逻辑是要注重建制城市化类型与要素城市化形态的协调，目标是解决如何通过更为精准的建制类型以匹配城市化进程中越来越丰富的地域结构和形态。在建制城市设置制度的完善中，除了在速率上与要素城市化协调外，作为匹配特殊管理对象的建制类型也在不断丰富。例如，市制诞

① 政区作为基础制度，在政区运行中并不像土地、财税、户籍、社保等制度一样直接地影响经济社会发展，其发挥作用具有间接性、缓释性等特点，因此政区调整的弹性空间较大。

② 行政区划调整是诸多因素集合反映的“临门一脚”，踢得好、踢得准，区域的后续发展就有很好的保障，如果设置有偏差，则不仅不能解决问题，还可能“按下葫芦浮起瓢”，造成更多问题，并持续阻碍辖区的发展。

生初期，市制建制根据聚居点人口规模的不同分为“城”和“镇”，而现有的基层市制建制根据城镇化水平分为“镇”和“街道办事处”，或“县级市”和“市辖区”等。再如，城市根据其规模大小和重要性分为“特别市”和“普通市”；根据不同隶属关系分为“直辖市”“省辖市”“县辖市”；根据不同级别分为“县级市”“地级市”“副省级市”等。这些市制建制类型设置为分类治理城市提供了制度框架。然而，随着我国驱动城市化的动力类型不断丰富，例如，科技驱动的科学城、旅游驱动的旅游城、金融驱动的金融城、贸易驱动的贸易城、生态驱动的生态城①，城市化的地域结构形态也更加丰富，特别是城市群、都市区、大湾区等城市区域化形态的发展，使得现有建制类型供给不足的问题越发凸显。除了建制类型供给不足，现有建制类型还存在类型模糊混乱②的问题，这给匹配城市化不同类型地域的建制类型带来了增量短缺和存量混乱的双重挑战。

（二）建制空间演进逻辑：更好地发挥城市效能的适域尺度单元

从晚清至当代，市制中的空间结构历经了机械狭域制——冒进广域制——被动狭域制——积极广域制——探索适域制等阶段。这一演进过程背后的动力机制，一方面是城市空间理论上最优规模作用的结果，另一方面是我国城市发展方针的作用结果。前者是城市化客观规律使然，后者是国家治理目标使然。这两方面的动力机制反映在我国市制政区空间演进上的逻辑则有两个方面。

一是国家应努力找到城市地域与政区空间的适域市制，其目标是解决市域政区空间过大的广域市制和过小的狭域市制带来的负面影响。市制作为针对城镇化区域的专有政区制度，理论上其行政区域应该都是集中连片的城镇建成区，但随着田园城市、生态城市等理念的提出，以工业化形成的城镇建成区，若配以一定比例的乡村或是生态区域，可能更有利于生产、生

---

① 参见中国新型城镇化理论与实践丛书：《科技驱动新型城镇化：上海张江发展模式》《商贸物流驱动新型城镇化：山东临沂市发展模式研究》《工业驱动新型城镇化：天津滨海新区发展模式研究》《旅游驱动新型城镇化：湖北武当山特区发展模式研究》等。

② 例如乡、镇不分，县、市不分，镇、街道也不分。笔者于 2019 年通过问卷星对 441 个来自我国不同省市的居民做的调查表明，10.66%的居民对自己居住地是位于街道办事处、镇还是乡“不知道”，1.36%的居民则表示没有必要知道；而居民对工作地是位于街道办事处、镇还是乡“不知道”的比例更是高达 18.59%，而表示没有必要知道的占 4.31%。

活和生态的统一。而对于发展中国家而言，为发挥城市在乡村城镇化、城乡一体化中的带动作用，在城市建制化过程中适当增加乡村地域面积、适当扩大政区空间规模，可以通过空间的权力配置，即建制城市空间的尺度单元"领域化"过程，实现特定战略目标以及城乡空间的跨越式转型。因此，如国家为促进城市规模增长，往往推行广域市制的逻辑；如为控制城市规模增长，往往推行狭域市制的逻辑。在我国，建制市辖区空间结构往往并非完全的城镇建成区，而是与一定比例的郊区和乡村组合，构成建制市的政区空间。这一指标既体现了国家对城市化的重视程度，也受制于农业生产、规模效率、社会公平、生态宜居等客观约束。当然，在不同时期这一客观约束的影响大小也有不同。诚然，由于城镇建成区的相对动态性和建制市空间的相对固定性，两者实时的吻合几乎不可能，也没有必要。完全匹配城市型地域的绝对市制空间只是理想状态，现实中的相对适域则是指城镇建成区与建制市空间保持一定的匹配性，两者保持一种动态的吻合。从市制变迁来看，从新中国成立初期的狭域制到改革开放后的广域制，市管县、整县改市、撤县设区等广域化改革，在拉开城镇化序幕的同时，其弊端也不断凸显。其中较典型的城乡治理问题包括土地粗放利用、混淆城乡概念、市卡县、市刮县、传统县制消失等。从发展趋势而言，实体城市空间与市制政区空间的适配是当前城镇进入高质量发展、更新化提升、人本化管理新阶段的目标追求。

二是国家应努力做到政区空间边界属地责任和跨界联动的统筹，目标是解决政区空间对城市治理责任的属地化激励以及当城市拓展超越人为的"政区边界"的时候，如何实现联动协同。当然，其中的核心还在于能否随时匹配城市地域与政区空间，因为当跨界联动需求出现时，也表明现有市制政区空间小于实体的城市地域空间。频繁的政区调整显然不可取，如果去除政区边界，则又可能出现属地责任无法落实的困境。任何行政区划，只要划分就有边界，而且是制度性的边界，政区空间边界作为权责属地管理的重要依据必须具有一定的刚性。同时，城镇发展的扩展性、多变性、流动性等特点又要求政区的跨界治理，即在不进行建制城市空间边界调整的基础上（政区空间调整的成本毕竟还是较高的），根据治理的需要进行跨边界的管理和服务。从市制的空间边界治理的历史演进来看，改革开放前的计划经济时代，城市发展速度慢、空间扩展规模小，边界问题并不突出；改革开放后，随着体制内放权改革的推进，区划边界作为划定地方政府执政空间范围的必要手段，配合权限下放、职责确定、考核制定等举措，共同推动了地方政府发挥积极性，促进地方经济社会发展，也是开展“晋升锦标赛”的重要制度基础。然而，随着社会主义市场经济的逐渐完善，市场在资源配置中的决定性作用越来越突出，政区边界在激发地方政府履行边界职责的同时，其“一亩三分地”思路导致的以邻为壑、重复建设、恶性竞争等“行政区经济”负面效应开始凸显。尤其是市场经济发达、城市化进程快的区域，政区边界的属地化管理功能“弊”已大于“利”，划定边界潜在的“负面效应”已超越其带来的“正面效应”。

（三）建制单位演进逻辑：更优治理架构下的城市组织体系

从当代市制的行政单位要素演进来看，建制城市的行政单位最初是嵌入整体行政区划体系的基层政区中的，位于隶属县的乡镇级政区。随着城市重要性的凸显，建制城市的级别也不断跃升，从而升格为县级、地市级，乃至最高级政区（中央直辖市），并开始管辖地域型政区，这对原有完整的地域型政区治理体系形成了冲击。其结果是，隶属关系的调整和行政级别的升格在促进城市发展的同时，也带来了相应的问题。

一是国家应合理设定城市行政级别以更好地促进城市发展，目标是破解过度追求行政级别带来的层级混杂乱象和问题。目前我国的市制层级涵盖了省级、副省级、地级、副地级、县级、副县级、镇级，甚至不规范的村级市，如此繁杂的层级，造成了市制的混乱。正如中国代表团出访国外时，常常引发困惑的“副市长比市长大”现象。究其原因，一方面与国家的宏观体制相关，即单一集权制、级别激励制和“晋升锦标赛”[①]等制度使得地方政府过度追求行政级别。当政区空间作为地方政府的施政对象和核心资源时，政区的等级既代表了调动资源的权力分配情况，也是“晋升锦标赛”追逐的目标。政区升格既表现为当地官员行政级别的个体跃升，也表现为地方政府锦标

---

① 周黎安.中国地方官员的晋升锦标赛模式研究[J].经济研究，2007(7)：36-50.

赛的集团奖励。其中，无论是调入更高层级的政区，还是将现有政区升格，都是一种激励方式。另一方面，从城市化发展的客观现实而言，市制层级的增加，也是城市地位越来越重要、城市发展越来越迅速、城市类型越来越多样的体现。前者遵循的是政治锦标赛下的行政逻辑，后者遵循的是城市化进程发展的空间逻辑。当然，还需要指出的一点是，城市化是伴随我国经济社会发展的产物，一个城市可以从小城市发展为中等城市，再到大城市、特大城市，乃至超大城市，然而其行政级别理论上可以不发生变化。如何让作为政策工具的"行政级别"被更合理地应用，可能是未来市制改革的重要目标。

二是国家应理顺隶属关系以更好促进城镇体系发展，目标是破解大中小城市协调发展的难题。城市是孕育于乡村并发展和壮大的。广袤的乡村在空间管理上就是最为悠久而广泛的地域型政区。因此，从政区制度而言，城市型政区也是脱胎于地域型政区的。中国最早的城市建制，也是隶属于农村型政区的，例如在县下设立的城、镇，省下所辖的市等，以及在解放初期大行政区下辖的直辖市，中华人民共和国成立前的县下辖市。然而，随着城乡户籍、土地等二元政策的形成，城市由于拥有更为丰富的物质文化基础，也成为人们追逐美好生活的区域①。市制在隶属关系上也逐渐向城市型政区管辖地域型政区转变，包括市管县、市带县、市管乡、市辖区管乡、镇管村、街管村等。这种隶属关系，一方面导致城市概念的泛化甚至模糊化，另一方面也影响新城镇建制的发育和发展。城市型政区辖地域型政区，与地域型政区辖城市型政区的区别在于，前者有一个直接隶属于城市型政区的区域，即城市型政区直管的城市空间，例如市管县体制中的市辖区、仍包含乡镇的县级市管理的街道办事处等；而后者的全部政区空间都是通过二级政区进行间接管理，相对更加公平。相比之下，前者更容易发生市卡县、市刮县、市压县，即常说的"小马拉大车"问题②。

---

① 例如，2020 年上海世博会的口号就是"城市，让生活更美好"。

② 例如，笔者曾在江西省某地级市调研发现 YC 市通过市管县体制代管了 ZS、GA 两个县级市，为保证 YC 市的生态环境质量但又能发展高污染高利税的产业，YC 市就通过将化工、陶瓷等产业布局在 ZS 市和 GA 市，通过市管县可以获得相关产业的高税收，但污染则留在这两个县级市。此外，YC 市至今还是一个单区的地级市，其自身的城市能级远远不能起到辐射带动所辖县市的作用。

（四）整体市制演进逻辑：国家战略、城市发展与制度效能的互构

从以上三个核心要素的演进逻辑及问题分析可以看出，中国当代市制整体演进呈现三条交织推进的逻辑：一是国家战略逻辑，即市制各要素及要素结构的制度特点必须符合国家治理中的城市政权稳定、城市优势带动、城市发展方针等目标；二是城市发展逻辑，即城市化中的产业、人口和土地等要素的非农化和集聚化所导致的新城镇的孕育以及原城镇的扩张，决定着延缓、阻碍甚至背离城市化发展规律的市制结构终需优化调整，甚至重塑；三是制度效用逻辑，即市制作为一种制度，必然要遵循制度本身的设置、发展、变迁和创新等理论逻辑，在调控、协调和促进城市发展中，市制很好地起到了衔接国家战略和现实发展的积极作用，避免了“城市失灵”和“政府失灵”问题的过多出现和过度发展。

以上三条逻辑线索贯穿我国当代市制的整体制度演进脉络，即三个主要素及其子要素在不同阶段呈现不同特点，其中的制度效用线索又是三条线索的关键，让制度在设计、运转和创新中更加规范有序、更加成熟稳定，同时，需要更多的法律支撑、新技术支撑以及专家公众参与支撑。2019年实行的行政区划条例，可以说为制度效用逻辑提供了法制保障。如何围绕这一法律，在百年未有之大变局的背景下，制定更加科学合理的城乡建制转换标准，更加规范便捷的城市政区调整流程，更加丰富适配的城市建制类型和通名体系，更加真实精准的城市建制空间结构和规模，更加扁平高效的城市层级体系等，都是未来市制改革需要完善和发展的重要领域。

第二节　中国超大特大城市政区治理的演进逻辑

作为大国治理典型代表的中国，在快速城镇化进程中也遇到了超大特大城市及其伴生的大型新城新区、开发区以及超级社区等超大型空间治理的挑战。行政区划作为中国特有的空间治理工具，在超大特大城市治理中的重要作用毋庸置疑。梳理我国超大特大城市的政区政策发现，其演进逻辑呈现从狭域制到广域制，从小区制到大区制等特点。而超大特大城市政

区治理则在行政区域、行政建制和行政层级等方面面临制度困境。针对这些困境，笔者提出了超大特大城市政区治理现代化的路径。

一、超大特大城市政区研究的重要性

中国作为一个人口大国、空间大国、经济大国，其特点就是在发展建设中形成了大体量、大规模、大尺度的集聚趋势。超大特大城市的大量出现和快速发展是中国大国治理中难以避免的现象。进入百年未有之大变局的新时代，超大特大城市发展与治理的重要性更是凸显。一方面，在全球化背景下，我国超大特大城市的战略使命越来越重要，在打造全球城市中成为国内国际双循环的核心节点，也在联动周边城市、推动区域一体化发展中起到龙头作用；另一方面，随着规模的迅速扩张，近年来超大特大城市的"城市病"困扰也不断凸显，特别是重大公共卫生事件以及其他频发的应急事件，给超大特大城市自身发展带来诸多新挑战。行政区划作为我国空间治理的重要政策工具，也是城市治理的基础性制度。在超大特大城市治理中践行好"行政区划本身也是一种重要资源"①，不仅是破解我国目前超大特大城市政区治理困境的必然举措，更是实现超大特大城市治理体系和治理能力现代化的重要路径。

在中国知网以"超大城市"或"特大城市"为主题词检索相关研究，出现了 8 272 条结果(检查时间为 2025 年 3 月)。从时间分布来看，2010 年后的文献数量呈现直线式增长。从研究的重点来看，包括了超大特大城市规模、城市化进程、新型城镇化、城市群以及户籍制度、环境污染、城市规划等。而就超大特大城市的政区相关研究看，主要涉及直辖市制度②、超大特大城市治理与行政区划调整之间的关系③、都市区治理中行政区划的影响④、大城

---

① 王开泳，陈田，刘毅."行政区划本身也是一种重要资源"的理论创新与应用[J].地理研究，2019，38(2)：195－206.

② 刘君德，马祖琦，熊竞.中央直辖市政区空间组织与制度模式探析：理论架构、比较分析及实证研究[M].南京：东南大学出版社，2012.

③ 顾朝林.南京城市行政区重构与城市管治研究[J].城市规划，2002(9)：51－56，60.

④ 张京祥，沈建法，黄钧尧，等.都市密集地区区域管治中行政区划的影响[J].城市规划，2002(9)：40－44.

市行政区划调整中的问题经验分析①、超大特大城市的市辖区制度②③、特大城市郊域④、特大城市县市改区⑤等。

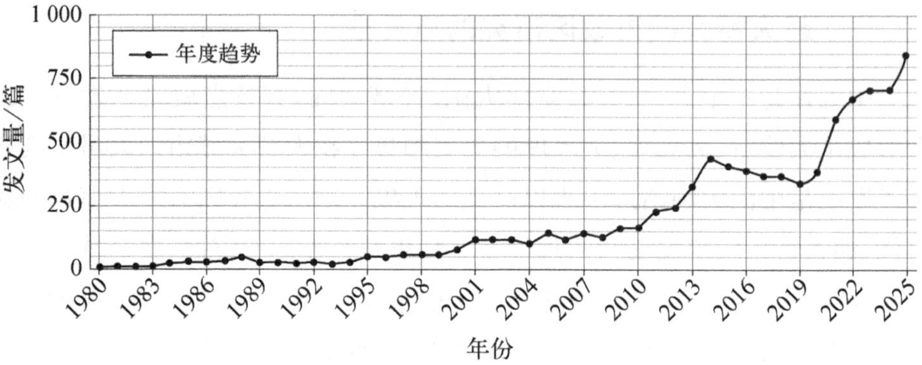

图 1－2　主题为“超大城市”或“特大城市”的文献年度分布图

资料来源：中国知网。

综观已有研究，在最新的超大特大城市发展态势下展开系统性政区治理研究的还较为少见，这成为本研究的学术意义。而针对超大特大城市政区治理困境探索整体性的改革思路，不仅具有现实价值，更具有一定的紧迫性。为此，本书拟首先构建超大特大城市政区治理的逻辑框架，并在此基础上分析超大特大城市的政策演进和最新发展态势，进而剖析超大特大城市政区治理的制度困境，最后探讨了改革的思路与路径。

二、超大特大城市政区治理的概念界定与分析框架

行政区划作为体国经野之道，解决的是国土空间如何分区、分级、分类治理的问题。政区治理较之行政区划是一个更系统延伸的概念。行政区划

① 王开泳，陈田. 对我国大城市行政区划调整的思考：以广州市近年来行政区划调整为例[J]. 城市问题，2006(7)：70－75.

② 马祖琦，刘君德. 国外大城市中心城区区级政区职能研究[J]. 城市规划，2003(3)：43－48.

③ 马祖琦. 海峡两岸大城市市辖区区级行政管理体制比较[J]. 经济地理，2005(2)：277－280.

④ 熊竞. 我国特大城市郊区“域”行政区划体制研究：以上海为例[M]. 南京：江苏人民出版社，2015.

⑤ 陶希东. 中国特大城市(地级市)县改区：问题与出路[J]. 创新，2017，11(1)：13－20.

一般是指政区要素发生的变动，而政区治理则是一个涵盖从政区要素职能——政区区划调整——政区制度改革的层层递进、三位一体的政策框架体系。政区要素包括了政区规模、政区中心、政区层级、政区名称、政区边界及其形态等①。政区调整包括了行政建制变更、行政区域扩缩、行政中心迁移、隶属关系变更、行政等级变更、政区专名变更等六大类情形②。政区制度改革是指对政区要素设置和调整行为的整体规则进行优化创新的行为，包括制定政区设置的标准（如县改市标准等）、改变政区要素的类型（如增加城市型政区、民族区域自治型政区、增加特别行政区等）、规定政区调整的流程（哪级政府可审批何类区划调整行为）、优化政区调整前后的专家和公众参与等③。

就行政区划的制度特点而言，一方面它是城市治理制度体系中的基础性制度，另一方面它也是组合性制度。就前者而言，作为基础性制度的行政区划必须与城市发展总体方针以及户籍人口、土地利用、财政税收、城乡规划、社区治理等其他制度相协调，由此展开政区治理的逻辑构建。就后者而言，作为组合性制度的行政区划需要从制度内部各子制度，即各政区要素的相互关系，来展开对政区治理的逻辑分析。关于政区的要素组成，不同学者有不同的界定④，而从行政区划“分区、分类、分级”的核心职能而言，可归纳为行政区域（政区空间）、行政建制（政区建制）和行政层级（政区层级）三个方面⑤。

超大城市概念的官方界定，首次出现在 2014 年 11 月 20 日国务院印发的《国务院关于调整城市规模划分标准的通知》（国发〔2014〕51 号，以下简称 51 号文）中。根据这一文件，超大城市是指城区常住人口超过 1 000 万人的城市。而在这一文件出台之前，我国城市规模划分标准中，特大城市是最高级别，即市区非农业人口超过 100 万人的城市。

① 刘君德，靳润成，周克瑜. 中国政区地理[M]. 北京：科学出版社，1999.
② 浦善新. 中国行政区划改革研究[M]. 北京：商务印书馆，2006.
③ 田穗生，罗辉，曾伟. 中国行政区划概论[M]. 北京：北京大学出版社，2005.
④ 浦善新. 中国行政区划改革研究[M]. 北京：商务印书馆，2006.
⑤ 熊竞. 政区三要素框架下的中国当代市制：演进逻辑与优化路径[J]. 学术月刊，2020，52(7)：81－93.

表 1－5 我国城市规模划分旧标准和新标准的比较

划分标准	共同点	差异点		
		空间口径	人口口径	分级标准
新标准（2014年）	都是从建制城市的角度进行界定，包括设区城市和不设区城市（县级市）	城区，即城市政区范围内实际建成区	城区（常住）人口，即住在城区内半年以上	五类七档： >1 000 万人（超大城市） 500 万～1 000 万人（特大城市） 300 万～500 万人（Ⅰ型大城市） 100 万～300 万人（Ⅱ型大城市） 50 万～100 万人（中等城市） 20 万～50 万人（Ⅰ型小城市） <20 万人（Ⅱ型小城市）
旧标准（1980年和 1989 年）		市区和近郊地区	市区和近郊地区的非农业（城镇户籍）人口	四级： >100 万人（特大城市） 50 万～100 万人（大城市） 20 万～50 万人（中等城市） <20 万人（小城市）

资料来源：1980 年《城市规划定额指标暂行规定》；1989 年《中华人民共和国城市规划法》；2014 年《国务院关于调整城市规模划分标准的通知》。

以上是从单一视角对我国的超级城市做的界定，在现实发展中，从类型学角度，还可以从经济总量、面积规模以及行政等级等方面对超大城市进行划分。此外，超大城市是一个相对动态的概念。汉代首都长安的人口高达 40 余万人，长安当时世界上人口规模最大的城市。而据考证，北宋东京（开封）和南宋临安（杭州）是世界最早的人口超百万的特大城市①。当然，需要指出的是，从政区治理而言，无论当时的城市规模有多大，都还是实行城乡一体化的行政建制，即按照地域型政区来管理。例如，唐朝首都长安，城区面积曾达到 80 平方公里，人口近百万人，绝对是当时的超级都市。然而，整个城市分为 2 个区域，以南北走向的朱雀大街为界，东西各分为 55 个坊（居民居住的社区），街东属万年县，街西属长安县；再如明朝的南京，其城区也

① 戴均良. 中国市制[M]. 北京：中国地图出版社，2000.

分属上元和江宁县管辖；清代成都府城，则由成都、华阳两县分辖[①]。而专门针对超大特大城市和一般城市的行政建制，即单独针对城市行政管理的城乡分治市制，直到晚清才真正诞生并发展。1908 年，《城镇乡地方自治章程》的颁布，宣告了中国第一次城乡地区的划分。而随着 1921 年 2 月与 7 月广州政府和北洋政府先后颁布《广州市暂行条例》和《市自治制》，标志着中国市制正式诞生[②]。

表 1－6 不同类型视角下的我国超大城市分布现状

类 型		数量/个	名 称
人口大城（城区常住人口超过千万人的超大城市）		7	上海、北京、深圳、重庆、广州、成都、天津
经济大城（GDP 过万亿元的城市）		27(7＋20)	7 个超大城市＋苏州、杭州、武汉、南京、宁波、青岛、无锡、长沙、郑州、福州、济南、合肥、佛山、西安、泉州、南通、东莞、常州、台州、唐山
面积大城（超大区域城市）	市域面积超十万平方公里	7	西藏自治区那曲市面积达 352 272.37 平方公里，其余为内蒙古自治区呼伦贝尔市、西藏日喀则市、甘肃酒泉市、新疆哈密市、西藏林芝市、西藏昌都市
	建成区面积超千平方公里	5	北京、天津、上海、广州、重庆
行政大城（省级政区城市）	直辖市	4	北京、上海、天津、重庆
	副省级城市	15	广州、武汉、哈尔滨、沈阳、成都、南京、西安、长春、济南、杭州、大连、青岛、深圳、厦门、宁波

资料来源：① 国务院人口普查办公室.第七次全国人口普查主要数据公报[R].北京：国务院人口普查办公室，2021.
② 国家统计局.中国城市统计年鉴 2023[M].北京：中国统计出版社，2024.
③ 部分省市统计公告。

---

① 刘君德，汪宇明.制度与创新：中国城市制度的发展与改革新论[M].南京：东南大学出版社，2000.

② 戴均良.中国市制[M].北京：中国地图出版社，2000.

在界定政区治理和超大城市相关概念后，要回答的一个问题是，为何要从政区治理视角来分析超大特大城市。对此，核心理由有二：一是超大特大城市在快速发展中，不仅行政区划设置本身面临诸多治理困境，而且由于行政区划设置的不合理，超大特大城市在人口、产业、空间、安全健康、社会治理、基层治理等方面面临一系列难题；二是现有的超大特大城市研究中涉及规模、体制、机制等经典议题，在界定数据、界定对象、界定主体等方面都是在一个行政区，即一个建制城市的空间范围内来讨论，例如城市规模是以一个建制城市的空间范围来界定的。综上，构建超大特大城市政区治理的分析框架如图 1 - 3 所示。

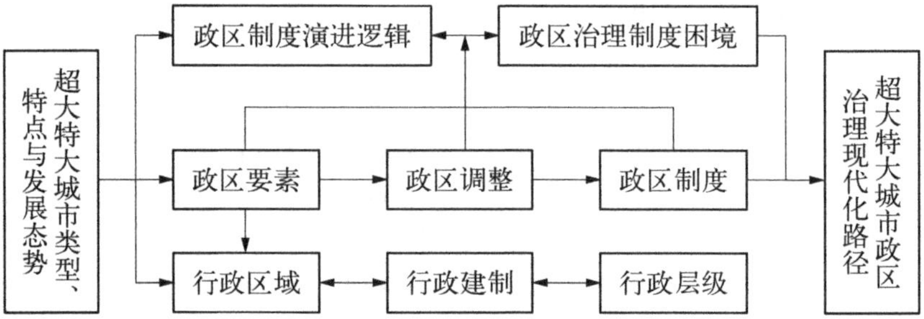

图 1 - 3　超大特大城市政区治理分析框架

三、新中国成立以来我国大城市政区治理的演进逻辑

梳理新中国成立以来我国大城市政区治理的政策脉络，并从政区要素视角总结其演进逻辑，这既是探索我国超大特大城市政区治理规律的必要内容，也是分析我国超大特大城市政区治理困境的逻辑起点。

(一) 新中国成立以来我国超大特大城市政区治理的政策脉络

1949 年新中国成立之初，大城市是稳定新生政权的重要空间，国家在大城市投入了较多管理力量，而随着我国基础设施投资和工业化进程加快，特别是“一五”计划的实施，大城市更是迎来了新的发展契机。

在政区治理方面，一方面国家通过等级高配，以增设中央直辖市的方式促进和保障大城市发展和管理。例如 1949 年共设立了 12 个中央直辖市，并在后续几年继续增设，包括 1953 年将哈尔滨市和长春市设为直辖市等。

另一方面，则是放宽设市标准，鼓励更多城镇化地区设立建制市。例如，新中国成立伊始规定“一般聚居人口5万以上就可以设市”。

就北京、上海等超大特大城市的政区治理而言，这一阶段主要施行以维护城市治安为主要目标的“小区制”和以严格控制城乡比例为目标的“狭域制”（城市郊区面积较小）。例如，上海在1949年5月28日成立上海市直辖市政府后，市域面积为617.95平方公里，政区格局为“20市辖区+10郊区”结构，即辖黄浦、老闸、邑庙、蓬莱、嵩山、卢湾、常熟、徐汇、长宁、普陀、闸北、静安、新成、江宁、北站、虹口、北四川路、提篮桥、杨浦、榆林20个市区，以及新市、江湾、吴淞、大场、新泾、龙华、洋泾、真如、高桥、斯盛10个郊区。又如，北平市于1949年2月2日和平解放后，辖1 000余平方公里，临时将全市划定为32区，其中城区12个区，郊区8个区，河北省邻界军事管制区域12个区。

此后，随着国家城市政权的逐步稳定，节约行政成本成为国家城市发展方针的重要考量因素，国家也相应调整了大城市的管理方式。一方面，降格大城市行政等级和缩减大城市郊区，包括在宪法颁布的1954年，中央将大部分直辖市下移到地方成为省辖市，全国仅保留了首都北京市、最大经济中心上海市以及天津市三个直辖市，天津市还于1958年降格为省辖市。1955年6月，国务院颁布的《国务院关于设置市镇建制的决定》对直辖市和省辖市的郊区规模做了“不宜过大”的限定。另一方面，则是提高城市设立标准。1951年，国家规定“凡人口在9万人以下，一般不设市”，而为进一步规范和稳定城市发展，国家陆续出台了一系列设市标准，但总体思路是以调控新增建制市为主。当然，1958—1960年，“大跃进”推进的工业化曾带来大量的城市人口集聚。例如，1960年我国城市人口突破1.3亿人，较之1957年净增31.4%，城市化率达到19.8%，这使得新建制市不断增加，3年间，新设建制市44个[①]，大城市规模也不断扩大。

在大城市内部，随着城市政权的逐渐稳固，国家开始调整市辖区。例如1956年上海直辖市对全市31个市辖区进行了合并：撤销了1953年为管理

① 戴均良.中国市制[M].北京：中国地图出版社，2000.

散居在水上的船民以及黄浦江、苏州河和68条支流水域等而设置的“水上区”，并缩减了近一半市辖区单位，形成市区“15个市辖区+3个郊区”(通名直接使用的是“郊区”，即“东郊区”“西郊区”“北郊区”)的格局。到1960年，上海市辖区进一步合并，撤销了蓬莱、邑庙2区，设立南市区；撤销了江宁、新成2区，设立静安区；撤销提篮桥区，将其并入虹口区；撤销榆林区，将其并入杨浦区。中心城区10个市辖区政区格局的形成，既预示大规模的中心城区政区调整告一段落，中心城区政区格局由此进入了稳态阶段，也宣布了“小区制”的终结。同一时期，北京直辖市则从“北平”更改专名为“北京”，并在1956年后开展了市辖区的合并，经过多次调整，市辖区缩减一半以上，从32个区合并为“7个市区+6个郊区”的结构。与此同时，在“大跃进”的号召下，北京和上海都实施了“广域市制”的模式。1958年，上海在时任总理周恩来的亲自批示下，分3批从江苏省划入10个县①，形成“14个区+11个县”的政区格局，面积也增长了近10倍，达到6 340平方公里；而北京也于1958年分2批从河北省划入9个县，面积达到11 988平方公里，形成“13个市辖区+4个县”的政区格局。由此，2个超大城市的市域政区面积进入稳定状态，至今未有大变化。

“大跃进”虽然促进了大城市的规模拓展和全国城市化的快速发展，然而这种“大起”缺乏必要的经济社会发展基础，且在随后遭遇了三年困难时期，此后大城市在发展和管理上又遭遇了“大落”。1963年12月，中共中央、国务院制发《关于调整市镇建制，缩小城市郊区的指示》，明确提出缩减大城市郊区面积。进入第三个五年计划后，即在20世纪60年代中期，国家进入“备战、备荒”阶段，为避免东部沿海等大城市遭遇战争威胁，国家确立了“严格控制大城市规模、搞小城市”的城市发展方针。这一方针反映在超大特大城市政区治理上，体现为撤减市辖区和推行严格的城乡分治，以控制行政管理和公共服务成本。例如，上海于1958年撤销东、北、西郊区，将城市化地区并入市区市辖区，农村地区则划入临近建制县；1961年，撤销浦东县，城市化地区隔江而治划入市区的南市区、黄浦区和杨浦区，农村地域划

---

① 王健，贾璐阳.1958年江苏省十县与上海市的行政区划调整[J].史林，2019(1)：170－182，221.

入川沙县；1964 年 5 月撤销了“大跃进”时期增设的闵行区和吴淞区，分别并入徐汇区和宝山县。同期，北京则纷纷将新设的市辖区恢复为县建制。

“文化大革命”十年浩劫，使得超大特大城市政区治理也进入混乱阶段，随着城镇居民、干部和知识青年的下放，以及“三线”建设的开展，大城市人口数量出现了更为明显的缩减。上海在这一时期未有大的政区格局调整，1964 年确立的十市辖区和十县的格局一直维持到 1980 年。

表 1－7　新中国成立后到改革开放前的设市政策变迁

时间	背景与文件名称	指导思想	设市模式	设市标准
1949 年	新中国成立初期，限于客观形势，没有制定全国性的设市制度	设市标准和条件相对比较宽松	市的隶属关系多样，包括中央直辖市、大行政区辖市、省辖市、专区辖市、县辖市	一般聚居人口 5 万以上就可以设市
1951 年	政务院在《关于调整机构和紧缩编制的决定》中，从精减机构的要求出发提及市制	提高设市标准、相对控制市制数量增长	同上	凡人口在 9 万人以下，一般不设市
1955 年	1954 年 9 月第一部宪法将市明确为地方行政建制，1955 年 6 月国务院颁布《国务院关于设置市、镇建制的决定》	设市标准依然较高，以控制建制市数量为主	中央直辖市、省辖市和自治州辖市的郊区不宜过大，首次提出市辖区设置原则	聚居人口 10 万以上可设市，10 万以下必须符合严格条件；20 万以上人口的可设市辖区，20 万以下人口的一般不设
1963 年	20 世纪 60 年代初期国民经济遭受严重挫折，根据精减城镇人口的总方针，中共中央、国务院发布《关于调整市镇建制，缩小城市郊区的指示》	进一步提高设市标准，严格控制建制市数量	撤销不符合标准的建制市，进一步缩小郊区面积，提出了量化指标	聚居人口虽达 10 万以上但不必要保留的应撤销，10 万以下人口的则增加了新的更严格的条件，总人口中农业人口的比重不应超过 20%

资料来源：① 刘君德，靳润成，周克瑜. 中国政区地理[M]. 北京：科学出版社，1999.
② 戴均良. 中国市制[M]. 北京：中国地图出版社，2000.

改革开放重启了中国的工业化和城镇化，我国城镇化进程开始加速。第一波改革源自农村，特别是苏南模式下乡镇企业的异军突起，与此同时，大城市在“知青返乡大潮”的影响下，经济发展仍不景气。因此，改革开放初期，国家提出的城市发展总方针是“控制大城市规模、合理发展中等城市、积极发展小城镇”。这一方针也使得大城市发展依然呈现缓慢状态。从政区治理而言，上海在工业化恢复发展的背景下，也于 1980 年和 1981 年恢复设立了“大跃进”时期曾设立的城乡分治的吴淞区和闵行区，并于 1988 年和 1992 年开启“广域设区”模式，将吴淞区与临近的宝山县合并，将闵行区与临近的上海县部分区域合并，设立了城乡合治的宝山区和闵行区。这一区划调整的目标在于推动宝钢、吴泾工业基地的建设发展。

进入 20 世纪 90 年代，随着放权让利改革在城市的启动，以及社会主义市场经济的建立和完善，大城市凭借着规模和集聚效应等方面的优势进入发展快车道。为顺应这一趋势，在政区治理上，则遵循了两条逻辑：一是采取了做大政区空间单元以更好地推动资源统筹从而促进经济发展的做法；二是加快政区的城乡建制转换以顺应和促进城市化。当然，有时这两条逻辑也是可以相互统筹的，即通过建制转换做大城区空间单元，通过“县市改区”拉开中心城市的空间发展框架，实现两个逻辑的统一。例如，上海 1992 年将嘉定县撤县改为嘉定区，1997 年将松江县撤县改为松江区，同年金山县与中国石油化工总公司上海金山实业公司联合建政设立金山区，1999 年将青浦县撤县改青浦区。这一时期，上海最大的政区改革莫过于浦东新区的设立，浦东新区的开发开放是划时代的，既是上海城市转型升级的重大事件，也是中国改革开放打出的“一张王牌”。为匹配这一国家战略，浦东新区进行了一次全新的区划调整，以川沙县的政区空间为主体，将浦东地区隔江而治的沿江城市化区域和上海县三林地区合并，成立了面积达 570 平方公里的浦东新区，成为上海的一个市辖区。在这一时期，其他大城市也纷纷通过“市管县”体制以及“县市改区”不断拓展城区规模。而随着户籍制度和住房货币化等改革的推进，城市规模开始加速拓展，特大城市数量迅速增加，超大城市也快速发展。

进入 21 世纪，超大特大城市继续保持快速发展势头，在政区治理上仍

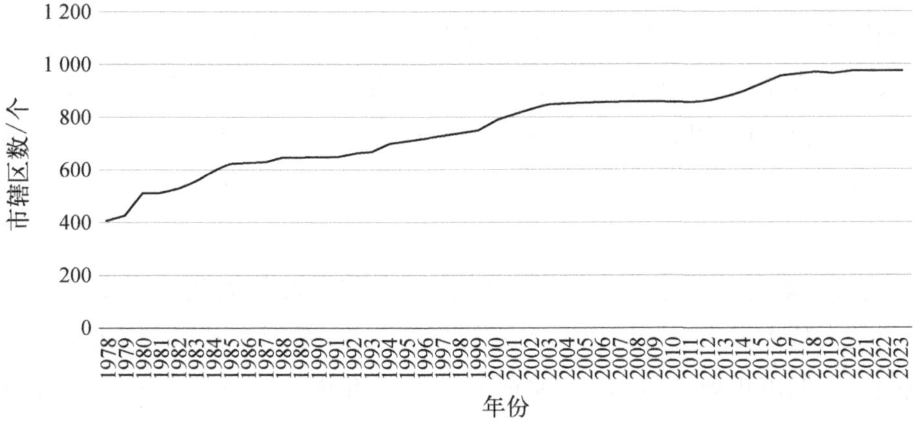

图 1－4　改革开放以来我国市辖区数量的变化

资料来源：国家统计局. 中国统计年鉴 2024[M]. 北京：中国统计出版社，2024.

然以城区"大区制"和郊区"广域设区"为主逻辑，即在城区合并规模较小的市辖区，在郊区推进整县改区。例如，上海于 2000 年合并黄浦区和南市区，设立新的黄浦区；2011 年又合并黄浦区和卢湾区，设立新的黄浦区；2015 年撤销闸北区和静安区，设立新的静安区；2001 年将南汇县和奉贤县撤县，分别设立南汇区和奉贤区，后又于 2009 年撤销南汇区，将其并入浦东新区；2016 年将崇明县撤县，并设崇明区。此阶段，北京、天津等超大特大城市在政区治理上也是以这两条逻辑为主。

从全国层面而言，国家先后提出"西部开发""东北振兴""中部崛起""东部率先"等区域均衡发展战略，在这一背景下，超大特大城市在区域发展上更为均衡。为实现大尺度的区域均衡发展，在政策利好环境下，各区域中心城市，即深圳市、杭州市、武汉市、成都市等第二梯队超大特大城市迎来了更大的发展机遇。近年来在"抢人大战"和"五违四必整治"等政策的影响下，超大特大城市的政区规模发展出现分化，一方面北京、上海等超大城市对人口规模进行了一定的调控；另一方面，深圳、杭州、广州、天津等超大城市则开始了新一轮以"争夺人才"为目标的规模扩张进程。近年来，党的十九大报告明确提出"以城市群为主体构建大中小城市和小城镇协调发展的城镇格局"，2019 年中央财经委员会工作会议提出增强中心城市群经济和人口承载能力，党的十九届四中全会明确提出“优化行政区划设置，提高中心城市和城市群综合承载和资源优化配置能力”。这些新的发展方针，助力超大特大城市开始通过跨政区整合的方式继续发挥自身的规模和集聚效应，以适应其向都市区、城市群、大湾区等城市区域化形态发展的趋势。由此，城市群导向下的多政区协同成为超大特大城市政区治理的关键任务和核心目标。

（二）政区三要素视角下超大特大城市政区治理的演进逻辑

超大特大城市之所以引起大家的高度关注，是因为其城市空间和人口规模。而城市规模政策，在某种意义上意味着我国城市发展的方针政策。一方面，从承载国家战略而言，超大特大城市在央地关系调整、人财物配置调控、城市规划制定、国际竞争力和影响力提升等方面都与城市的规模导向密切相关；另一方面，超大特大城市若要最大化地发挥规模经济效应和集聚效应，也需要探索最优的城市规模，以实现产业高质量发展、土地高效化利用、基本公共服务均等化、公共安全和应急管理可控等城市治理目标。因此，笔者在梳理超大特大城市政区治理的演进逻辑时，分析比较行政区域、行政建制、行政层级三个要素，选取行政区域即政区空间规模治理的逻辑作为分析的主线，以行政建制和行政层级等其他政区要素的演进逻辑作为分析的辅线。

新中国成立以来，我国超大特大城市在政区空间上主要历经了两条演进逻辑：一是城市政区空间从城乡分治的狭域制向城乡合治的广域制转变；二是城市内部的市辖区从小区制向大区制转变。前者的逻辑背景是新中国成立伊始，在百废待兴、工业基础薄弱的大环境下，城市也历经多年战争而遭受重创，使得其带动乡村发展的动力和能力都非常有限。此时，即使划入过多的乡村地域，城市也难以出现辐射和扩散效应。与此同时，在高度的计划经济体制下，农副产品的供应主要还是按行政单位来计划和配给，考虑到大城市的农副产品供应，在政区空间上大城市也配有一定的农村地区。这一逻辑即使在“大跃进”的非常规工业化时期，也仍然可以运行。一方面，大城市虽然为发展工业基地而设立了市辖区，但也是谨慎采取了最为保守的“狭域飞地”方式；另一方面，这些谨慎扩张的“市辖区”一有风吹草动旋即撤销，例如在三年困难时期和“备战备荒”时期，这些市辖区都纷纷复归为县建制。改革开放以来，我国进入工业化和城镇化的正常发展轨道，大城市政区规模也进入快速扩张阶段。在改革开放的强大拉力和内部改革的巨大推力下，大城市的规模和集聚效应充分显现，其带动能力也非常强劲，由此在政区治理上开始大范围推行城乡合治的广域市制。这一政区治理模式可以在空间制度上为城镇化提供广阔舞台。

在第二条演进逻辑上，超大特大城市内部的市辖区规模呈现出“先小后大”的发展特点。早期大城市在巩固脆弱的城市政权考虑下，尽管内部施行的“小区制”行政管理成本较高，但可以更好地起到精细化管控的制度效能。不过，随着城市政权的稳定，考虑到“小区制”高额的行政成本，超大特大城市内部市辖区纷纷采取了合并建制、减少数量的做法。有些城市如北京市，甚至压缩了一半以上的市辖区建制。改革开放后，特别是 21 世纪初以来，超大特大城市内部的郊区施行了广域区制，导致郊区的市辖区面积都非常大。与之相比，同样也是市辖区建制的中心城区市辖区，则在规模上显得非常不平衡。此外，中心城区在“二级政府，三级管理”体制下，各市辖区之间出现了“各自为政”的制度弊端，并由此出现了传统商圈割裂(例如上海曹家渡现象)、公共服务资源配置不均衡等空间失序和空间不正义问题；同时，市区进入精深化开发和精细化管理的城市更新阶段，跨政区统筹历史文化和建筑保护的需求不断增长，由此，中心城区市辖区开始了新一轮的撤并潮，以适应新的市区发展趋势和要求。

在行政建制治理的演进逻辑上，超大特大城市本身作为建制市一直延续至今。值得注意的是，作为产生超大特大城市土壤的新增建制市标准是影响城市发展的重要制度，即设市标准的宽严直接影响建制市的增减，而建制市数量的变化则影响新的超大特大城市的产生。此外，在超大特大城市内部，随着城市化进程的加快，下辖的地域性政区也不断通过建制转换，即县改区(市)、乡改镇、镇改街道等城乡转换，以保障和促进超大特大城市内部的城市化进程。

在行政层级治理逻辑上，超大特大城市在行政等级上历经了“中央直辖市化”到“地方直辖市”再到“副省级市”的演进，而在隶属关系上则主要是进行了单辖城市到“市管县”体制的转变。需要指出的是，近年来，超大特大城市在城市群发展中的跨政区联动、边界协同治理等趋势不断凸显。此外，由于中心城区办公空间拓展难以及交通拥挤等问题，部分超大特大城市还出现了行政中心外迁或行政中心分散化办公的政区中心治理新特征。

第二章

超大特大城市政区相关要素治理的专题分析

“城镇型建制的设置原因和所需满足的特殊要求，使它有别于其他类型的建制。这种区别体现在其设置要求、行政单位的功能和行政区划的划定上。”

——田穗生、罗辉、曾伟(2006)

第一节　城市基本单元规模与政区治理

中国式现代化的第一个特征就是“人口规模巨大的现代化”。超大特大城市的现代化本身就意味着超大人口规模的现代化。城市规模是一把双刃剑，城市规模越大，规模经济效应越强，可以节约城市建设和运行成本，但是规模大到一定程度后，则出现边际规模效应递减，城市的安全风险和不均衡不公平现象也将大幅增加。此外，规模越大，城市治理中的公众参与和全过程人民民主成本也将增加。

行政区域的划分、合并和析出等调整是政区治理中的重要政策工具，通过行政区划设置和调整来影响城市规模治理，也成为政区治理介入超大特大城市中国式现代化的重要路径。本节主要从基层治理单元规模角度探讨了超大特大城市规模治理中与行政区划的关联机制和作用机理，以揭示政区治理如何影响城市基层规模治理。

一、规模是影响城市治理的重要因素

关于治理规模与治理有效性的问题，既有研究主要集中在宏观层面的大型国家治理下的一统体制与有效治理，以及微观层面的乡村治理运作，缺少对于城市基层治理规模以及治理能力的深入研究。本节基于上海市的基本管理单元实践以及 HT 镇的个案，采取访谈法和案例研究方法，分析了以治理规模适度化与治理能力再生产的耦合作为城市大型社区的治理单元再造的运作逻辑，并对基本管理单元的类型进行了划分。笔者研究发现，以基本管理单元再造推动治理能力再生产表现为科层链条上下联动的行政能力再生产和党、政府、社会、企业多方合作的共治能力再生产两个方面。它们共同构成了解决社区问题、提供公共服务以及实现社区公共利益最大化的总能力。

二、政区单元规模是影响城市管理的重要因素

治理规模以及由此产生的负荷问题是影响治理能力的关键因素。围绕治理规模探讨治理能力的研究是一项经典议题，理论界已多有讨论，主要集中在宏观层面的国家治理规模和微观层面的乡村治理规模两个层面上。从宏观来看，幅员辽阔、人口众多是中国国家治理的典型特征，围绕这一现状，近些年来，学者们提出多种解释大国治理能力运作的视角或机制。如数目字管理①、简约治理②、政治承包制③、上下分治理④、行政发包制⑤、项目制⑥、运动式治理⑦等。于微观而言，乡村是国家政权的神经末

① 黄仁宇. 十六世纪明代中国之财政与税收[M]. 北京：生活 · 读书 · 新知三联书店，2001.

② 黄宗智. 集权的简约治理：中国以准官员和纠纷解决为主的半正式基层行政[J]. 开放时代，2008(2)：10 - 29.

③ 荣敬本，等. 从压力型体制向民主合作制的转变：县乡两级政治体制改革[M]. 北京：中央编译出版社，1998.

④ 曹正汉. 中国上下分治的治理体制及其稳定机制[J]. 社会学研究，2011，25(1)：1 - 40，243.

⑤ 周黎安. 行政发包制[J]. 社会，2014，34(6)：1 - 38.

⑥ 渠敬东. 项目制：一种新的国家治理体制[J]. 中国社会科学，2012(5)：113 - 130，207.

⑦ 周雪光. 运动型治理机制：中国国家治理的制度逻辑再思考[J]. 开放时代，2012(9)：105 - 125.

梢，既有研究集中在组织再造[①]、协商民主[②]、村民自治[③④]、目标管理责任制[⑤]、治理单元[⑥]等正式治理和人情、面子、礼俗、关系网络[⑦⑧]等非正式治理两个方面，核心的主线是探讨大国治理下国家与乡村的互动逻辑及治理能力体现。

毋庸置疑，既有研究成果为后续研究的深入开展奠定了一定的知识基础，特别是治理规模与治理有效性的探讨，为城市大型社区治理研究提供了具有启发性的思路。但综观现有研究，还存在一些有待拓展的地方：一是既有研究多集中于探讨大型国家治理下的一统体制与有效治理以及微观层面的乡村治理运作逻辑，缺少对城市基层治理规模与治理单元的探讨。二是关于治理能力的探讨多以国家治理能力[⑨⑩]、政府治理能力[⑪]以及地方治理能力[⑫]为主，缺少对微观层面社区治理能力的研究。

城市社区是城市基层治理的重要单元。近些年来，一些超大特大城市郊区由于撤镇、人口导流出现了大型社区，这些大型社区共性的问题是治理规模过大以及单位空间内基本公共服务供给不足与人口过多的结构性矛盾突出。为解决上述问题，2015 年，上海市率先在国内探索非行政层级的基本管理单元，以治理单元再造的思路推动治理能力再生产。在这个过程中，

---

① 徐勇．农村微观组织再造与社区自我整合：湖北省杨林桥镇农村社区建设的经验与启示[J]．河南社会科学，2006(5)：8－11.

② 何包钢，王春光．中国乡村协商民主：个案研究[J]．社会学研究，2007(3)：56－73，243.

③ 徐勇，赵德健．找回自治：对村民自治有效实现形式的探索[J]．华中师范大学学报(人文社会科学版)，2014，53(4)：1－8.

④ 贺雪峰，谭林丽．内生性利益密集型农村地区的治理：以东南 H 镇调查为例[J]．政治学研究，2015(3)：67－79.

⑤ 王汉生，王一鸽．目标管理责任制：农村基层政权的实践逻辑[J]．社会学研究，2009，24(2)：61－92，244.

⑥ 邓大才，张利明．多单位治理：基层治理单元的演化与创设逻辑——以中国农村基层治理单元演化为研究对象[J]．学习与探索，2017(5)：65－75，183.

⑦ 翟学伟．人情、面子与权力的再生产：情理社会中的社会交换方式[J]．社会学研究，2004(5)：48－57.

⑧ 杜赞奇．文化、权力与国家：1900—1942 年的华北农村[M]．王福明，译．南京：江苏人民出版社，2003.

⑨ 薛澜，张帆，武沐瑶．国家治理体系与治理能力研究：回顾与前瞻[J]．公共管理学报，2015，12(3)：1－12，155.

⑩ 王浦劬，汤彬．论国家治理能力生产机制的三重维度[J]．学术月刊，2019，51(4)：65－72，120.

⑪ 李文彬，陈晓运．政府治理能力现代化的评估框架[J]．中国行政管理，2015(5)：23－28.

⑫ 楼苏萍．地方治理的能力挑战：治理能力的分析框架及其关键要素[J]．中国行政管理，2010(9)：97－100.

党、政府、社会组织、企业以及个体等主体发挥各自优势，解决社区问题，提供公共服务，最终实现社区公共利益的最大化。这一探索既破解了大型社区治理中的体制瓶颈，又赋予了“镇管社区”模式一定的灵活性，是一种改革成本低、相对稳妥的增量治理思路。

本节立足于上海市基本管理单元的实施经验，通过 HT 镇基本管理单元的个案观察，探讨城市大型社区的治理单元再造与治理能力再生产。针对这一问题，笔者力图完成以下三个研究任务：一是结合理论与实践，分析城市大型社区治理中基本管理单元遵循何种逻辑实施再造；二是城市大型社区的治理单元再造呈现出哪些类型；三是基于个案研究，分析基本管理单元如何实现治理能力再生产，体现出哪些运行机制。

三、基本管理单元对超大特大城市基层治理的空间再造

超大特大城市在快速城镇化进程中易出现居民迅速大规模导入的大社区，包括近郊大面积的商品住宅开发和大型动迁居住社区建设，导致了公共服务配套不足、管理力量薄弱等情况。此外，在大规模乡镇撤并中，一些被撤制乡镇也出现公共管理和服务衰减的情况，为此，上海探索了在这些治理薄弱区域设置基本管理单元。而这种嵌入街镇与村居之间的非行政管理层级，对基层治理体系形成了再造，本部分将对这一再造逻辑及其类型划分展开讨论。

（一）城市大型社区治理中基本管理单元再造的逻辑

近年来，随着城市郊区化和乡村城镇化的发展，超大特大城市城郊接合部也出现了一些大型社区，它们一般位于中心城区公共设施大集聚核的边缘以及郊区公共设施次级集聚核之间的洼地，其公共设施建设明显落后，公共服务可及性和便捷性较差。“出行难、上学难、养老难、就医难”一直是社区居民呼声最高的议题。为应对单位空间内基本公共服务供给不足与人口过多之间的结构性矛盾，2015 年，上海市尝试将城市基层治理的重心下沉至街（镇）以下，探索合适的治理单元。同年 11 月，上海市民政局、市编办、市发展改革委、市财政局联合发布了《关于印发〈关于做实本市郊区基本管理单元的意见（试行）〉的通知》（沪民区划〔2015〕19 号）（以下简称 19 号

文）。截至 2016 年底，上海市首批共有 66 个基本管理单元投入运营中（见表 2－1）。

表 2－1　上海市首批基本管理单元的建设情况

区　名	总个数/个	涉及镇数量/个	实有人口/万人	户籍人口/万人	面积/km^2
浦东新区	34	12	175.86	72.56	525.35
闵行区	6	5	25.08	—	24.33
宝山区	4	3	41.7	15.09	25
嘉定区	6	5	35.3	9.9	93.71
金山区	2	2	5.6	4.5	67.96
松江区	4	4	14.98	3.1	34.77
青浦区	8	6	28.8	18.8	246.25
奉贤区	2	2	12.1	5.8	81.4
总数	66	39	339.4	—	1 098.77

资料来源：根据上海市民政局和各区民政局汇总统计资料整理而成。

根据 19 号文，基本管理单元是超大特大城市郊区城市化区域集中连片、边界范围相对清晰、人口达到一定规模、管理服务相对自成系统的城市人口聚集区，是承载和配置城市基本公共服务、基层社会管理的非行政层级基本单元。基本管理单元的设置受一定前提条件的约束，从治理规模来看，基本条件是“2＋2”，即 2 平方公里和 2 万实有人口。从基本管理单元的管理和服务资源配置来看，主要是解决“3＋3＋2”的标准力量配备问题。其中，第一个“3”是指社区服务相关的“社区事务受理中心”“社区卫生服务中心”“社区文化活动中心”；第二个“3”是指社区管理相关的“公安派出所（警务站）”“城市管理所（网格中心）”“市场监督管理所”；“2”则是指社区党委和社区委员会。考虑到各地实际，各基本管理单元也可以因地制宜、力所能及地设置社区中心、社区生活服务中心、养老服务中心等“X”项目（见表 2－2）。

表 2-2 基本管理单元的条件、配置与功能

要素构成	具 体 内 容
设置条件	集中城市化地区达到一定的面积规模，一般应为 2 平方公里以上，区域边界较为清晰
	城市化人口达到一定规模，常住人口一般应在 2 万人以上
	人口集聚产生的管理服务需求需要就近提供
	充分考虑历史沿革和群众认同
资源配置	社区公共服务：以设置中心、分中心、服务站等方式提供
	城市管理：设置城市网格化综合管理工作站，配置相应的监管力量
	市场监管：通过设置综合监管站所等方式，协助开展产品质量安全、特种设备安全、计量诚信、食品安全和药品监督等管理工作
	公安警力：设置派出所或警务站，加强警力配备
基本功能	生活和政务服务就近提供
	政府管理有效延伸覆盖，包括公共安全、市容环境、市场监管、交通（市政）管理等内容
	社会力量协调共治，实现资源共享和社会效益最大化

资料来源：根据《关于印发〈关于做实本市郊区基本管理单元的意见（试行）〉的通知》（沪民区划〔2015〕19 号）编制。

基本管理单元的设置初衷，符合典型的增量治理思路，不是建设一层新的行政层级，而是为了实现对公共事务的有效治理，在一定空间范围内通过治理规模再造配置各类资源，如行政资源、市场资源以及社会资源等，来推动新的治理层级、治理载体构建，进而实现治理能力再生产的一种柔性治理模式。需要指出的是，这里的治理规模是指属地的行政主体在统领、管理、整合其辖区的面积大小以及辖区内工作生活的人口数量多寡①，涵盖了空间面积和人口数量两个方面。治理能力更多的是微观层面的社区治理能

① 周雪光. 中国国家治理的制度逻辑：一个组织学研究[M]. 北京：生活·读书·新知三联书店，2017.

力，既涉及公众和精英的个人参与，又涉及社会和跨组织的社会网络关系；既包括社区问题的解决、问题解决技能、临界反射等，又包括资源利用；既包括社区权力，又包括社区意识、社区价值等①。一言以蔽之，治理能力是指党、政府、社会组织、企业以及个体等主体在参与社区公共事务的过程中解决社区问题、提供公共服务以及实现社区公共利益最大化的总能力。治理能力涵盖行政能力和共治能力两个层面。行政能力主要表现为科层制上下级之间的联动效度；共治能力涉及党、政府、社会组织、企业的横向互动与合作效度。城市大型社区治理中的基本管理单元再造的目的，一方面是以治理规模适度化推动治理能力再生产，另一方面以治理能力再生产探索治理规模适度化的区间、走向，呈现出治理规模适度化与治理能力再生产的耦合逻辑。

第一，基本管理单元再造是以治理规模适度化推动治理能力再生产。如前所述，之所以设置基本管理单元，是因为空间、人口等治理规模过大，造成镇、社区等原来的治理单元负荷过重。一方面，大镇受镇级管理权限、机构设置等限制，承担的职权与资源不匹配，出现"小马拉大车"现象；另一方面，社区规模过大，除行政事务外，还出现一些基本公共服务供给不足的问题，村委(居委)在疲于应付上级行政事务后，难以开展有效治理以回应这些居民的诉求。为破解镇难以下沉、社区难以上达的问题以及由此衍生出的治理能力与治理规模不匹配问题，上海以 2 平方公里以上的集中城郊区域以及 2 万人以上的常住人口规模为标准重新设置治理单元，在组织、经费、设施、制度以及人员方面给予一定的保障，改过去"镇—社区"两层结构为"镇—基本管理单元—社区"三层结构。在这个过程中，基本管理单元承接了一些行政事务，减轻了社区的压力，使得社区有精力开展自治来回应民众的多样性诉求，社区治理能力得以再生产和提升。

第二，基本管理单元再造是以治理能力再生产探索治理规模适度化的区间、走向。从规模上来看，大型社区特别是一些超级社区的规模甚至

① GOODMAN R M, SPEERS M A, MCLEROY K, et al. Identifying and defining the dimensions of community capacity to provide a basis for measurement[J]. Health Education & Behavior, 1998, 25(3): 258-278.

超过一些镇，但是配置还是社区的架构，这显然无法应对基本公共服务供给不足的问题。针对此类大型社区的治理，比较激进的思路是由城市政府直接从社区中析出街道，通过提高行政建制级别，配备人员、机构和其他资源。这种做法确实能够起到立竿见影的作用，但改革的成本和幅度过大且周期较长。那么，如果不析出街道，城市如何才能回应社区居民的基本公共服务需要呢？这就需回到治理能力再生产这一问题的轨道上来。设想若在城市内部增加一个非行政性层级的基本管理单元来解决大型社区的治理问题，不仅比析出街道的成本要低，通过对镇、基本管理单元、社区之间的职责设置以及行政对社会的吸纳，更是有助于城市实现基于破解基本公共服务供给不足的治理能力提升。不仅如此，这一探索也起到了很好的过渡性作用，城市通过基本管理单元再造实现了治理能力的提升以及各项条件的培育后，再寻求适当的时机析出街道，不失为降低成本、确保稳妥的一条增量治理思路，既在一定意义上很好地应对了现实的管理瓶颈，又通过这种过渡性的机制设置赋予镇级管理体制调整更大的灵活性①。

（二）城市大型社区治理中基本管理单元的类型划分

上海市民政局对首批基本管理单元的全覆盖调查结果显示，上海在设置基本管理单元的实践中形成了撤制镇型基本管理单元、大型居住社区型基本管理单元和城镇居住人口密集区型基本管理单元三种类型（见表 2－3）。

表 2－3　上海基本管理单元的类型划分

主要类型	数量/个	占比/%	平均常住人口/万人	平均面积/km^2	主要特点
撤制镇型基本管理单元	28	42.42	4.48	28.26	占比最大，平均面积最大，以撤并前乡镇的人口和面积规模为基础设立

① 叶敏，熊万胜. 镇管社区：快速城市化区域的镇级体制调适——以上海浦东新区 H 镇的镇管社区建设经验为例[J]. 中国行政管理，2018(10)：98－103.

续　表

主要类型	数量/个	占比/%	平均常住人口/万人	平均面积/km²	主　要　特　点
大型居住社区型基本管理单元	12	18.18	4.44	5.92	占比最小，平均面积和人口最小，郊区大居作为人口导入而设置，同时作为政府市中心动迁的民生项目以及服务设施从零建设等原因，需强化资源配置
城镇居住人口密集区型基本管理单元	26	39.00	7.35	10.30	平均人口规模最大，以近郊快速城镇化区域为主，一般在镇政府周边商品房小区较多区域设置一片人口密集区，设立基本管理单元

资料来源：上海市民政局问卷调查报告。

类型一是撤制镇型基本管理单元。自 1998 年开始，为缓解乡村治理中乡镇财政负债过多、乡镇机构臃肿和人员冗余以及解决城市郊区乡镇数量多导致产业和城镇建设分散等问题，乡镇撤并工作在全国展开。上海也在这一时期撤并了大量建制乡镇，其乡镇数量从 200 多个缩减到 100 多个。乡镇政府的撤销，使得这些区域的管理和服务资源老化、更新不足、供给短缺，造成当地百姓在生产生活上的不便。为破解这些问题，上海市在撤制镇空间内连续城镇建成区设置基本管理单元。从撤制镇与基本管理单元的对应关系看，撤制镇范围不仅包括了城镇功能集中的集镇区域，往往还包括周边农村区域，而基本管理单元主要是指连续的城镇建成区。

类型二是大型居住社区型基本管理单元。大型居住社区是在空间范围和人口规模上远大于一般社区的超大型居住社区。大型居住社区是一种以居住功能为主体、生活与就业适当平衡、功能基本完善的城市社区①。自 2003 年以来，上海在宝山顾村，浦东周康、三林，闵行浦江，嘉定江桥，松江泗泾等设置了首批大型居住社区。它们一般位于中心城区公共设施大集聚

① 张萍，宋吉祥. 基于 GIS 的上海郊区大型社区公共设施空间布局评析[J]. 上海城市规划，2017(3)：90－95.

核的边缘以及郊区公共设施次级集聚核之间的洼地，其公共设施建设明显落后，公共服务可及性和便捷性较差①。为应对这些问题，一些基本管理单元的设置就以大型居住社区规划范围为标准，与大型居住社区空间对应、匹配，这里称之为大型居住社区型基本管理单元。

类型三是城镇居住人口密集区型基本管理单元。与大型居住社区的人口导入不同，这里人口密集区更多的是受自然、经济、行政等因素综合影响形成的，集中出现在超大特大城市近郊快速城镇化区域。通常采取的方式是在镇政府周边商品房小区较多的区域划出一片人口密集区设立基本管理单元。

四、个案研究：上海市 HT 镇基本管理单元与治理能力再生产

上海市 HT 镇面积为 59.51 平方公里，2018 年的户籍人口为 7.9 万人，常住人口为 14.1 万人，共有 14 个居民委员会和 13 个村民委员会，全镇共有 3 个基本管理单元，其中 HSHC 和 XS 基本管理单元已建成并纳入上海市首批 66 个基本管理单元，HN 基本管理单元则基本建成并正在申报中。此外，HT 镇还有一块 DMW 工业园。如图 2－1 所示，上方深灰色区域为 HSHC 基本管理单元，属于大型居住社区型基本管理单元，位于镇域北部地区；中部浅灰色部分为 XS 基本管理单元，属于撤制镇型基本管理单元，驻地在下沙居委会；下方深褐色区域为镇政府周边的人口密集区型基本管理单元；镇域白色区域为 DMW 镇级工业园区。

本节之所以选择 HT 镇基本管理单元作为个案研究的理由在于：一是 HT 镇基本管理单元类型较为全面，三种类型的基本管理单元在 HT 镇都有分布，基本能够在一般性上反映出上海基本管理单元的实际运作。二是 HT 镇 HSHC 和 XS 两个基本管理单元建设较早，建制较为完整，运行也较为成熟。三是笔者曾于 2013 年牵头编制 HT 镇“十三五”规划，并长期在该镇进行课题调研和研究合作，对 HT 镇整体情况和发展脉络掌握较为全面。

HT 镇基本管理单元的设置，是在行政力量的推动下实施的，牵头部门

① 史云贵. 中国基层社会治理机制创新研究[M]. 天津：天津人民出版社，2015.

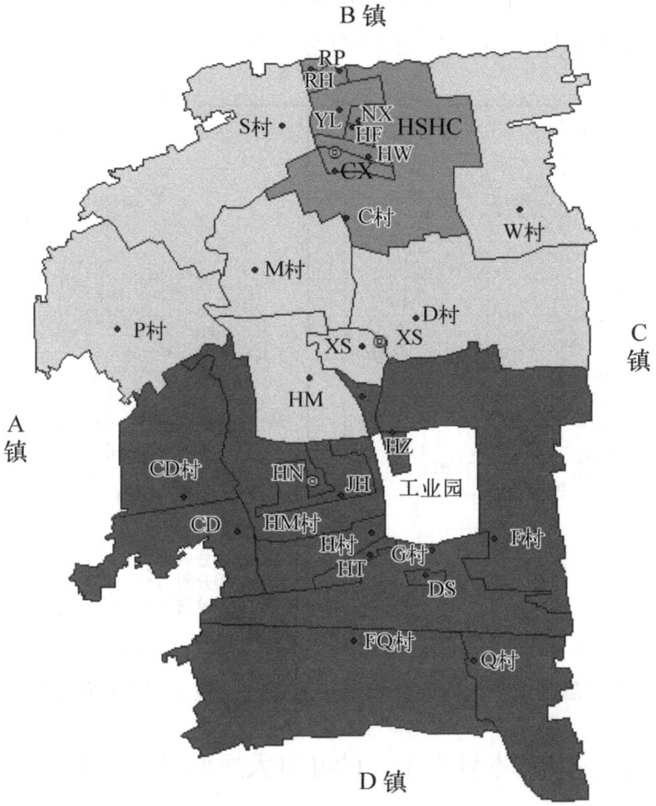

图 2-1　上海 HT 镇基本管理单元和村居空间分布示意图

为上海市民政局，虽然基本管理单元并非行政层级，但却是镇与社区之间的行政链条，在此意义上，治理能力再生产通常是在纵向的自上而下与自下而上互动过程中形成的。当然，自上而下的互动强度、频率通常是大于自下而上的互动强度、频率，因此，纵向上治理能力再生产实际上是行政能力再生产。治理能力再生产在横向上表现为政府与社会组织、市场力量合作以推动基本公共服务的供给，属于共治能力再生产。由此，HT 镇通过行政能力再生产和共治能力再生产，提高基本公共服务供给率和便捷性，满足社区居民的生活需要，形成“15 分钟步行生活圈”。笔者以村居办公驻地到镇政府或基本管理单元的步行距离作为社区居民办理基层政务服务空间可达性的指标，利用 GIS 软件工具，通过叠加相关交通道路等数据，对居民办理基层政务服务的便捷度进行了空间测算，发现设立基本管理单元后，村居办理基层政务服务的步行时间大为压缩。经测算，小于 10 分钟、10～20 分钟步行可达的区域明显增加（见图 2－2 和图 2－3）。

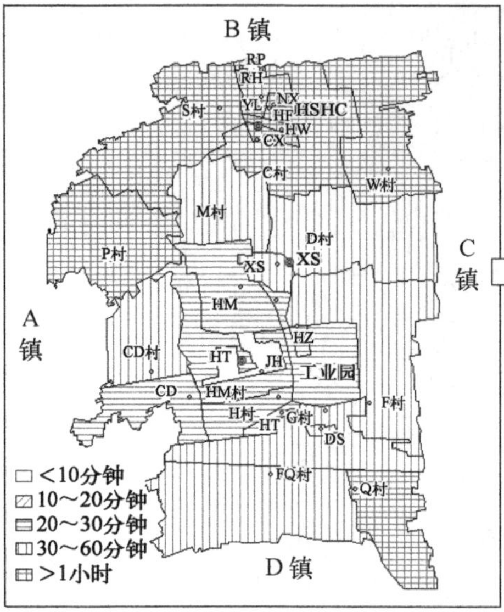

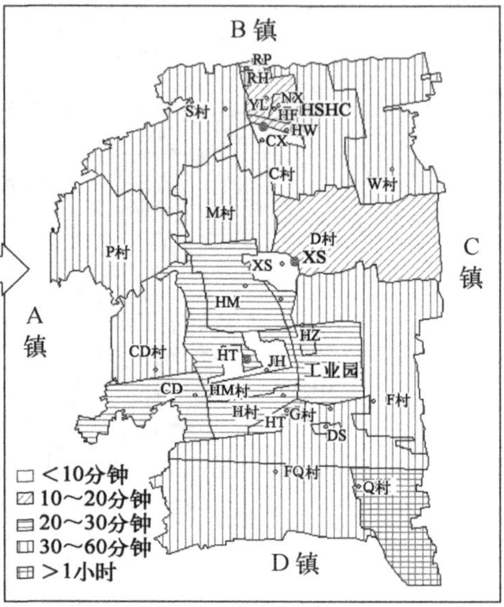

图 2－2　设置前各村居到镇步行时间分级图　图 2－3　设置后各村居到镇步行时间分级图

正如笔者在 XS 基本管理单元的办事大厅调研时一位老者所说的：

“之前，都要坐公交甚至搭车去镇里报销医保费用、办理低保申请等事情，现在直接走路就可以到基本管理单元办理这些事情，节约了很多时间……我们老年人行动不方便，每个月办理的事情又多，现在有了这个基本管理单元确实方便了很多。”（访谈资料：HT－2019040201）

（一）行政能力再生产：科层链条的上下联动

在设置基本管理单元之前，社区治理的行政链条主要为镇与社区之间，面对社区治理中的问题，社区居委会作为自治组织虽然应该回应，但迫于镇派发的大量行政事务，居委会不停地围绕上级事务“公转”，而居委会本应开展自治、实施“自转”的业务在很大程度上荒废了，造成了社区治理疏于内容、流于形式①。

① 史云贵. 中国基层社会治理机制创新研究[M]. 天津：天津人民出版社，2015.

设置基本管理单元之后，镇改变了过去直接将行政权力下沉到社区的模式，一些行政事务改为下沉到基本管理单元，这样就给了社区居委会更多的自治空间，社区居委会的"自转"业务逐渐运转起来，并借助基本管理单元的依托实现了向上延伸。负责基本管理单元的 M 书记对行政链条的上下联动深有体会：

> "没有搞基本管理单元之前，我们的工作就是落实上面派下来的工作任务，搞自治和了解居民自下而上需求的精力很有限，搞了基本管理单元后，我们则可以相对有精力关注社区老百姓的需求，也可以整合各村居的诉求，例如在一些偏僻路段经常发现违法倾倒垃圾，我们就统一向镇里提出增设摄像头等建议。总之，现在我们还是很忙，有时忙上面的任务，但了解社区居民的需求，集中向上面反映社区意见更多了。"
> （访谈资料：HT－2018050601）

通过基本管理单元的设置，镇与社区之间的行政通道上下得以贯通，行政权力逐层下沉到基本管理单元再下沉至社区；社区有了资源、平台后，通过基本管理单元传递诉求，行政权力自上而下与社区诉求自下而上的通道打开，二者在基本管理单元交汇，行政权力运行精准对接居民诉求，提高了行政能力。

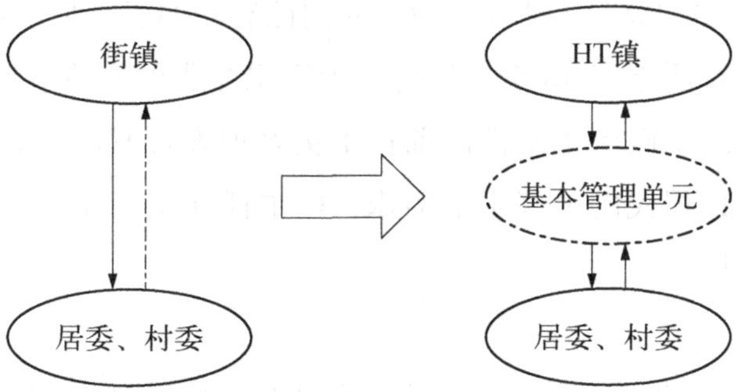

图 2－4　HT 镇基本管理单元设置前后的行政权力运行对比

（二）共治能力再生产：党、政府、社会、企业的多方合作

关于 HT 镇基本管理单元的设置，党、政府通过引进社会组织、培育社

团组织、借力企业力量实现了向社会领域的延伸，多方力量共同应对社区治理中的一些问题，体现出共治能力再生产的特征。

一是 HT 镇积极引进社会组织。为了满足社区居民的需要，经过公开招投标，HT 镇年投入 150 万元引进 LQ 社工服务社等社会公益组织，参与基本管理单元公益项目管理，提供为老、慈善、幼儿早教等便民服务项目和公益项目。党和政府由过去直接提供公共服务转为挖掘社区居民的诉求，经筛选形成项目后外包，再从事验收、评估项目等工作，其治理能力通过政府与社会组织合作得以再生产。正如 RYY 居民区 Y 书记描述的那样：

“如果我们做那些项目，大部分精力都将耗在那里，其他工作不要做了，引进社会组织后，我感觉就是我们腾出手了，他们搞活动，我们提供场所，就是他们需要什么，我们提供，其他我们基本不用管。”（访谈资料：HT－2018081501）

二是 HT 镇积极培育社团组织。为满足社区居民的多样化、个性化需要，HT 镇挖掘各类骨干力量发展社团组织，由政府出资请专业团队提供必要的技术与培训，加强社团组织的能力建设；同时通过党建引领，将“支部建在团队上”，如成立了第一支社团组织党支部——鹤聚斋党支部。截至 2018 年，HT 镇的 HSHC 基本管理单元内已有戏曲、舞蹈、合唱、书画、讲坛等多种类型的社团组织 43 个。培育社团组织并非单纯的意识形态控制，而是在确保社团组织政治正确性的前提下更好地发挥其功能，助力党和政府更好地满足社区居民的美好生活需求。C 主任在接受采访时，表达了培育社团组织的意图：

“党建引领是具有正能量的，我们这些社团组织，现在参与积极性高得不得了，去年年底搞卫生、写春联、办节目，影响很大，居民反应很好，我们现在请你们来就是想把‘支部建在团队上’做实，怎么更好地发挥作用。”（访谈资料：HT－2018060201）

三是HT镇积极借力企业力量。HT镇的基本管理单元已经建成家门口服务站27个，一些家门口服务中心在成立时，镇政府给愿意提供家门口公益服务的企业提供阵地，如HCJY社区家门口服务点，就有像中国联通这样的大型企业参与，负责提供诸如免费租用(轮椅、拐杖、急救用品包、工具包)、代办服务(水电费)、医院服务、文化教育(毛笔、硬笔、素描、国画、幼小衔接)、联通业务办理(申请宽带、手机号)、旅游咨询、家政服务、职业培训、房产交易咨询、便民服务以及慈善超市等多项便民服务。通过为企业提供阵地，借力企业力量，党和政府间接地提供了居民需要的一些基本公共服务，在这个过程中，治理能力通过政府借力企业力量得以再生产，提高了公共服务的可及性、便捷性。HSHC基本管理单元的一位H姓工作人员说道：

> "过去政府都是自己建服务点为居民们提供服务，成本太高了，现在我们社区里中国联通本来就建有服务网点，当我们与它们谈合作时，基本没有费什么力气，因为新建的社区，客流量不大，它们空闲时承接一些便民服务，可以赢得居民的好感，吸引更多的人流，这样，居民就会更愿意到中国联通办理业务。"(访谈资料：HT-2019040201)

H姓工作人员的观点，与社区居民的态度基本一致，一位办业务的L姓女士谈道：

> "之前，都要坐公交甚至搭车去镇里办理水电费、电信业务、家政服务等事务，现在直接走路就可以到服务站办理这些事情，节约了很多时间……我们老年人行动不方便，每个月办理的事情又多，现在有了中国联通协作确实方便了很多，我们办手机号、宽带也就直接用它们了，互帮互助嘛。"(访谈资料：HT-2019040202)

治理规模以及由此产生的负荷问题一直是国家治理、社会治理探讨的关键问题。无疑，治理单元再造是在行政力量主导下产生的，但呈现出行政链条的贯通、行政吸纳社会、行政与社会合作的复合特征。基本管理单元设置是治理规模适度化与治理能力再生产的耦合，是城市大型社区治理中基本管理单元再造的基本逻辑。即一方面以治理规模适度化推动治理能力再生产，另一方面以治理能力再生产探索治理规模适度化的区间、走向。本节以上海市 HT 镇基本管理单元实践作为个案，运用访谈法和案例研究法，将基本管理单元运行过程中的治理能力再生产，概括为纵向上的行政能力再生产和横向上的共治能力再生产两个方面，它们共同构成了大型社区中多元主体解决社区问题、提供公共服务以及实现社区公共利益最大化的总能力。总体来看，基本管理单元是承载和配置城郊区域基本公共服务的非行政层级单位，在实践的过程中存在做实做强和非行政化两条路径。本节选取的 HT 镇基本管理单元遵循的是非行政化路径，因此，治理能力再生产既有行政力量，又有社会组织、企业等社会力量的共同参与。对于以做实做强为特色的基本管理单元，其治理能力如何生产，与非行政化的基本管理单元有何不同，有待进一步的理论与实证研究。

第二节　基层公共服务均等化与政区治理

中国式现代化的第二个特征是“全体人民共同富裕的现代化”。对于超大特大城市而言，实现基本公共服务的均等化无疑是实现全体市民共同富裕的应有之义和关键举措。

基层政区治理通过区划调整影响属地单元数量和空间范围，进而改变基层公共服务的空间可及性，城市基本管理单元的增设无疑起到了提升基本公共服务均等化水平的效果，进而促进了超大特大城市全体市民的共同富裕。

一、政区视角下基本公共服务均等化研究的必要性

“增强基本公共服务均衡性和可及性”作为党的二十届三中全会提出的中国式现代化目标中的重要内容，也是学界一直研究的重要议题。基层政区作为影响基本公共服务均衡性和可及性的最直接、最基础、最关键的行政

操作主体，也成为我国研究基本公共服务均等化的关键一环和重要力量。特别是 2019 年 1 月 1 日起开始施行的《行政区划管理条例》提出行政区划管理工作要“加强顶层设计”和“纳入国民经济和社会发展规划”等规定。在这一新的制度背景下研究基层政区改革角度、破解基本公共服务均等化难题无疑具有更强的现实意义和制度动力，而选择行政区划这一鲜见的研究视角，并借鉴中国悠久的行政区划史积累的丰富空间治理经验和规律进行基本公共服务均等化的研究，也是探索发展具有中国特色的公共服务理论体系的有益尝试。此外，基层区划调整作为政策工具近年来在基层治理中频频应用，包括重启县改市、探索取消街道办事处、取消建制镇和行政村招商引资功能、打造“15 分钟社区生活圈”（邻里中心、睦邻中心、市民驿站、邻里汇等）、建设基本管理单元等，这些调整的动因是综合性、多方面的。但行政区划调整对于基本公共服务均等化这一战略目标的实现是否有促进作用，还需要按照空间区划的规律和理论进行分析和评估，谨防因盲目的政区调整或准政区调整行为而出现“按下葫芦浮起瓢”的制度改革结果。

基层政区视角的重要性在我国基本公共服务均等化发展新阶段逐渐凸显，那国内外文献研究进展如何？为此，笔者对相关研究做了梳理。基本公共服务制度被认为是人类在 20 世纪所建立的最重要的制度文明之一，是人类文明的伟大发明①。西方国家作为近代工业化和城市化的先发地区，相关学者对这一制度从不同视角已开展丰富深入的探讨，归纳而言，集中在以下四个视角：一是政府与市场关系的视角，该视角主要来自福利经济学关于福利最大化与政府公共服务均等化职责的讨论。二是政府与社会关系的视角，该视角主要来自社会正义理论关于公民权利保障与公共服务均等化的讨论②。三是政府间关系的视角，该视角主要是财政分权理论、新公共管理与新公共服务等关于基本公共服务均等化供给的讨论③。四是技术治理

---

① 丁元竹，杨宜勇，李爽，等. 促进我国的基本公共服务均等化[J]. 宏观经济研究，2008(5)：7－12,21.

② 约翰·罗尔斯. 正义论：修订版[M]. 何怀宏，何包钢，廖申白，译. 北京：中国社会科学出版社，2009；阿马蒂亚·森. 以自由看待发展[M]. 任赜，于真，译. 北京：中国人民大学出版社，2002.

③ 戴维·奥斯本，特德·盖布勒. 改革政府：企业精神如何改革着公营部门[M]. 上海市政协编译组，东方编译所，译. 上海：上海译文出版社，1996；珍妮特·V. 登哈特，罗伯特·B. 登哈特. 新公共服务：服务，而不是掌舵[M]. 丁煌，译. 北京：中国人民大学出版社，2014.

的视角，该视角是城市规划和地理学者从公共服务设施空间可达性开展的相关研究①。国内启动基本公共服务均等化研究较晚，进入21世纪，这一领域的研究开始大量兴起，从分析视角而言，由于"均等化"概念最早源于财政学领域②，因此，财政转移支付是学界关注基本公共服务均等化的切入口③，并由此拓展到政府纵向财权与事权关系④、政府职能转变⑤、综合制度保障⑥、地方政府规划⑦、公民权利⑧、服务设施空间布局⑨等视角。

从以上梳理来看，作为现阶段我国基本公共服务均等化研究重要视角的基层政区，学者们似乎还未对此展开深入的研究，而这一研究视角的缺乏可能对我国实现基本公共服务均等化目标将产生影响。因此，展开这一视角的研究就显得重要而迫切。从研究路径而言，需要回答两个核心问题：一个是基层政区是如何影响基本公共服务均等化的，其关联机制是什么？另一个则是基层政区调整影响基本公共服务均等化是否产生效果，其程度如何？基于这两个核心问题，本书将从基层政区各组成要素出发，系统分析其与基本公共服务均等化的关联逻辑，并选择具体案例对基层政区影响基本公共服务均等化的效果进行量化分析。

二、基层政区各要素与基本公共服务均等化的逻辑关联

"中国是个古老大国，是世界上行政区划历史最悠久，内容最丰富的国家。"⑩作为"体国经野之道"的行政区划，在我国长期的发展中发挥了重要

---

① 江海燕，周春山，高军波. 西方城市公共服务空间分布的公平性研究进展[J]. 城市规划，2011，35(7)：72－77.

② 贾康. 澳大利亚财政的"均等化"制度简介[J]. 经济研究参考，1992(Z2)：74－78.

③ 王磊. 我国政府间转移支付制度对公共服务均等化的影响[J]. 经济体制改革，2006(1)：21－26.

④ 项继权. 基本公共服务均等化：政策目标与制度保障[J]. 华中师范大学学报(人文社会科学版)，2008(1)：2－9.

⑤ 赵聚军. "控制—服务"：当代中国行政区划改革的应然导向[J]. 上海行政学院学报，2009，10(6)：68－74.

⑥ 常修泽. 中国现阶段基本公共服务均等化研究[J]. 中共天津市委党校学报，2007(2)：66－71.

⑦ 姜晓萍，陈朝兵. 我国基本公共服务体系的共同趋势与地区差异：基于国家和地方基本公共服务十二五规划的比较[J]. 上海行政学院学报，2013，14(6)：4－16.

⑧ 杨团. 非营利机构评估：上海罗山会馆个案研究[M]. 北京：华夏出版社，2001.

⑨ 陶卓霖，程杨，戴特奇，等. 基于公平最大化目标的2020年北京市养老设施布局优化[J]. 地理科学进展，2015，34(12)：1609－1616.

⑩ 刘君德，靳润成，周克瑜. 中国政区地理[M]. 北京：科学出版社，1999.

作用。它是国家治理体系的重要组成部分,其核心是解决大国国土如何分区(划分区域及划定边界)、分层(各个基本分区如何累积形成多层级的纵向结构)、分类(根据不同的区域性质和特点设定不同的建制类型)并确定行政中心和给政区单元命名的问题。基层政区作为我国政区体系中的重要组成部分,它一方面具有政区概念的基本共性,另一方面也有自身的特点。本节将在分析基层政区属性特点的基础上,探讨基层政区要素与基本公共服务均等化的关联机制,从而构建基层政区分析框架下的基本公共服务均等化假设模型。

基层政区是从层级角度来定义政区范畴的,"层级是历代行政区划的核心要素"①。在我国的行政区划体系中,基层政区指的是最接近百姓、最基础的行政区,它一般包括了乡、镇、街道等。由于从严格意义上讲,街道不是一级政区(街道属于上级政府的派出机关),因此,市辖区、县级市等在仅辖街道办事处的情况下也属于基层政区范畴。这里需要指出政区层级类型中的兼容属性,即"在通常情况下,一个地方行政单位只可能属于一种层级类型,或为基层地方行政单位,或为中层地方行政单位。事实上,有少数地方行政单位却同时具有两种类型的特性"②。例如清代的州建制,直隶州辖县属于中层政区,但散州不辖县,则与县一样属于基层政区。当前区划体制中的县级市、市辖区,有些辖乡镇,有些则只辖街道办事处(这一派出机关),因此,在层级属性上属于兼容类型,即同样是县级,在有些区域属于基层政区,在有些区域则属于中层政区。本书也从广义上将县级市、市辖区纳入基层政区范畴。中国历史上最为稳定的是县建制,由于古代有"皇权不下县"的传统,因此,县级政区自古至今仍是最为接近百姓的历史悠久的地域型政区,"在中国历史上,行政区划层级曾有过十分繁复的变化,统观两千五百年的历程,行政区划的层级大致可分为三层,根据其所处管理层位,我们将这三层定名为在基层的县级政区、统辖县级政区的统县政区以及在统县政区

① 周振鹤. 行政区划史研究的基本概念与学术用语刍议[J]. 复旦学报(社会科学版),2001(3):31-36.

② 田穗生,罗辉,曾伟. 中国行政区划概论[M]. 北京:北京大学出版社,2005.

之上的高层政区"①。此外，由于我国的居委会、村委会接受党的领导，且实际运作中则仍带有一定的行政管理色彩，因此，从广义而言，基层政区也涵盖居委会、村委会(见图 2-5)。

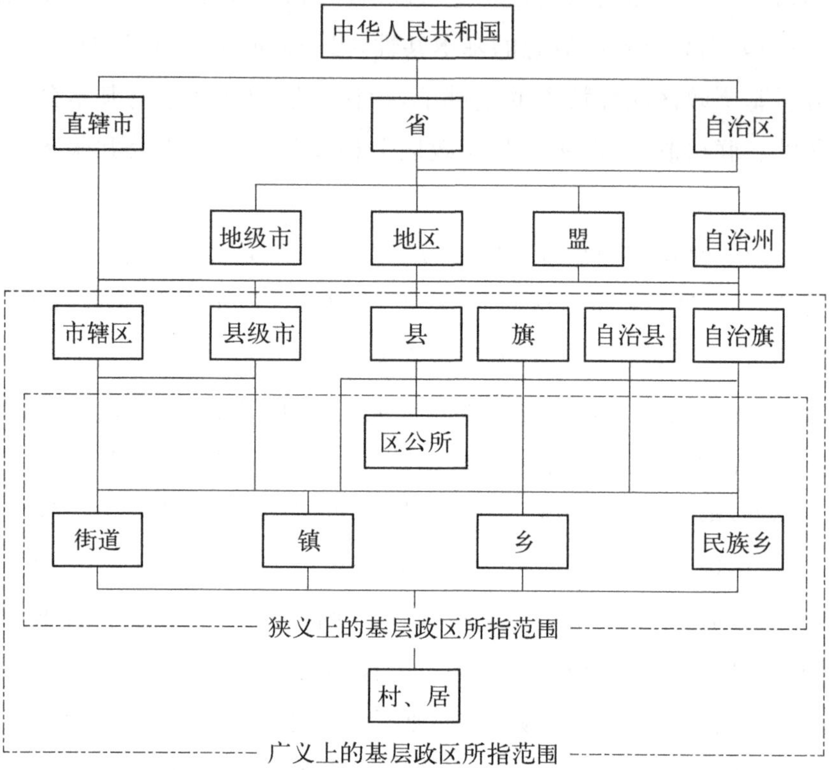

图 2-5 我国基层政区范围示意图

资料来源：刘君德，靳润成，周克瑜. 中国政区地理[M]. 北京：科学出版社，1999.

从行政区划调整的角度而言，结合政区调整的六类情形，基层政区调整可以包括如表 2-4 所示的情形。这些调整也在不同程度上影响着基本公共服务均等化。

从基层政区与基本公共服务均等化的关联看，可以从基层建制、辖区规模、层级幅度与隶属关系、治所驻地与边界形态等方面进行分析。

① 刘君德，靳润成，周克瑜. 中国政区地理[M]. 北京：科学出版社，1999.

表 2-4　基层政区调整的方式

调整方式	乡、镇、街道	村委会、居委会
行政建制转换	乡改镇、镇改街道、乡改街道	撤村改居，设立新的村委会和居委会
行政区域调整	乡镇撤并、街镇合并、乡切块设镇、镇切块设街道	村村合并、居委会撤并
隶属关系变更	乡镇街从郊区县划入市辖区、地级市下辖镇	从甲乡镇管辖改为乙乡镇管辖
行政等级变更	镇升格为市	超级村庄或大型社区的领导高配
行政中心迁移	驻地搬迁至辖区几何中心	居委会和村委会办公地的搬迁
政区专名变更	乡镇街道的更名	村委会居委会名称变更

资料来源：浦善新.中国行政区划改革研究[M].北京：商务印书馆，2006.

基层建制与基本公共服务均等化存在关联机制。

首先，"建制类型的城乡转换"影响基本公共服务均等化。一般而言，城市型建制由于有更好的经济发展水平、城市化程度较高，其基本公共服务供给能力往往更强，虽然城市内部空间的不公平有可能会更加显著，但总体而言，在中国目前的发展阶段，城市的公共服务水平较之农村还是更高。通过城市化来消弭城乡之间的公共服务非均等化现象仍然具有重要的政策意义。

其次，"建制单位增减"影响基本公共服务均等化。政府公共服务资源一般是围绕具体建制单位进行配置，例如当一个建制镇析出一个街道办事处，则这个街道办事处需要新配置一套社区服务设施体系，包括社区事务受理中心、社区医疗卫生中心等，从而增加了服务设施布局的数量和空间密度，客观上同时增加了公共服务的可达性和可及性。反过来说，减少建制单位则可能出现两种情况：一种是随着建制单位的减少，相应服务设施数量减少或能级下降，导致当地居民公共服务水平下降；在另一种情况下，减少建制单位反而有利于实现基本公共服务的均衡，例如上海市静安区与闸北区的合并，就大幅提升了原闸北区的教育医疗服务水平，该新区域内的公共服务均等化程度也随之提升。

最后，“新增建制类型”影响基本公共服务均等化。从既有历史来看，西方许多国家在近代设立的区别于传统城乡合治地域性政区的市制，大大提升了基本公共服务供给的均等化。在市制设立之前，城市化快速发展地区的公共服务设施往往由私人公司、慈善机构提供，但这种市场化和社会化供给的方式出现了“失灵”的情况，即出现供不应求、价格过高、不正当竞争等服务不均等现象，而市制的设立使得城市政府得以开始干涉、接收并负责这些种类的公共服务。例如19世纪末，西方许多国家的城市政府逐步将城市的水、气供应，污水处理、消防防火等服务纳入公共服务进行均等化管理；20世纪早期，公交、教育、卫生等相继成为城市政府均等化供给的公共服务内容；20世纪20年代，市政服务增加了计划功能，30年代，政府对公共服务的管理日趋完善达到“都市化进程世纪”的高潮。这些举措进一步促进了公共服务的均等化提供。另外，独立的城市型政区的设立，往往也会大大促进城市基本公共服务的均等化。而在中国，晚清及北洋政府时期《城镇乡地方自治章程》《市自治制》等制度的出台，开启了我国近现代市制的发展历程，政府通过专门设置建制市（包括“城”“镇”等）解决了这一区域内的公共服务相对短缺和管理不规范的问题，城镇地域范围内的市政服务设施、教育医疗服务水平大幅提升。1954年，我国增设街道办事处以及改革开放后开展的社区服务、社区建设、社区发展等工作，也一定程度上通过增设新的建制类型提升了基层居民的公共服务水平。从当前发展看，一般而言，新增一种基层行政建制类型，往往是针对特定地域的特定人群设立一种专门性、对口式的管理制度架构，因此也会加强基本公共服务供给的特定性，从而有针对性地迅速提升基本公共服务均等化水平。

辖区规模与基本公共服务均等化存在关联机制。

一是从“政区空间规模”而言，基层政区的空间规模越小，公共服务空间可达性和均等化程度越高，然而，基层政区也会因为其他原因而扩大。例如2000年前后，在全国范围内掀起的那轮大规模乡镇撤并大潮中，东部等经济发达地区的目标之一是推进产业向园区集中，发挥产业规模和集聚优势，中西部则是在农业税费改革后，考虑从乡镇财政困境和精兵简政的角度进行合并。然而,政区规模的扩大无疑增加了居民获取基层公共服务的不便性,这种不便性发展到一定程度,要求政区规模缩减的呼声则又再次出现。这也是目前各地建设基本管理单元、增设管理片区①、重新确立乡村基本单元②的一个重要原因。

二是从"政区人口规模"而言,公共服务均等化最核心的问题是,是否向非本地政区的户籍人口开放。一般而言,同一政区如果人口规模过大,人均公共服务水平会下降,特别是目前的土地规划制度存在仅根据户籍人口进行公共服务设施用地供应的这一制度约束,如果政区内外人口流入过多,无疑会降低本地户籍人口的公共服务水平,但对整体人群而言,却又能提升公共服务均等化程度。

治所驻地、空间形态与基本公共服务均等化存在关联机制。

一是"治所之地布局"是地方政府政务服务主要办事点的选择原则,相关的社区服务也一般围绕行政中心布局,特别是在基层政区,政务服务办理点往往只有乡镇政府或街道办事处,而基层社区主要提供、受理针对老年人、小孩、残疾人等特殊人群的公共服务,此类人群通常采取步行的出行方式,因此,治所布局应以处于政区的交通中心或几何中心为最佳原则。因此,2019 年 1 月 1 日起施行的《行政区划管理条例》第三条规定"变更人民政府驻地时,应当优化资源配置、便于提供公共服务"。

二是政区的"空间形态"影响基本公共服务的辐射范围。政区空间形态有规则型、不规则型和混合型,形状上有方形、六边形、圆形、长条形、三角形、新月形、凹形、哑铃形等③。一般而言,从几何原理出发,相较于其他政区空间形态,辖区空间边界越接近圆形,基本公共服务设施的可及性越高。

层级幅度与基本公共服务均等化存在关联机制。基层政区的"层级幅度"调整,将直接影响基本公共服务的可及性、有效性等均等化状况。基层政区虽然已经指明了层级特点,但在基层政区内部也有层级幅度的结构不

---

① 杜鹏. 制度化动员型结构：乡镇有效治理的深层基础——基于"管区制度"的分析[J]. 云南行政学院学报,2017,19(6)：14 - 20.

② 邓大才. 复合政治：自然单元与行政单元的治理逻辑——基于"深度中国调查"材料的认识[J]. 东南学术,2017(6)：25 - 37,246.

③ 刘君德,靳润成,周克瑜. 中国政区地理[M]. 北京：科学出版社,1999.

同。层级—幅度理论表明，在相关条件不变的情况下，层级越多幅度越少，层级越少幅度越大。从基层政区而言，层级更多的是层次，即不是"权责同构"型的传统行政层级，而更多的是不同功能分工的管理和服务层次。例如目前超大特大城市市辖区都在推的"邻里中心""睦邻中心""市民驿站"等，这些都是一个布局在街道办事处与居委会之间的服务层次，这一服务层规模和能级比居委会大，且可以摆脱居委会承担的行政事务，根据自下而上的居民需求和问题导向设置社区服务功能和项目，增设如此层次，可以提升基本公共服务的针对性和有效性，从而提升均等化水平。在发达地区县域经济中，将特大镇、超级镇升格半级或是探索设立镇级市，甚或施行"县下辖市"，也是基层政区的一种层级和隶属关系调整，从基本公共服务均等化而言，突出特殊区域的行政资源配置应该是一种因地制宜的均等化，有利于提高均等化水平。

隶属关系与基本公共服务均等化存在关联机制。"隶属关系"的调整往往伴随新的上下政府间关系，如果从一个财政收入低的上级政区换到一个财政收入高的上级政区，理论上应该是有更高的基本公共服务均等化水平。实际上，均等化并不是平均化，而是一种被服务者与其对社会的付出和贡献相匹配的合理的公共服务供给，均等化绝不是将一个地区和居民的服务需求降低，通过简单拉平来实现的，均等化也是一个动态的过程，在实现保基本的同时，政区应该继续提供与人们生活水平和地区发展水平相适应的公共服务水平。要解决基本公共服务不平衡、不充分的不应该只是从需求端进行简单、机械的拉平，而应该是推动供给侧结构性改革，实现适应绝大部分人群的普惠制福利供给，当然也要避免过程中"福利陷阱"情况的发生。

三、实证分析：基本管理单元建设对基层政务服务均等化的影响绩效[①]

上海作为我国超大城市的典型代表，近年来也通过基层政区的调整

① 因为基本管理单元刚设置时，需要申报审批，因此获得了人口和面积等相关数据，后续就未更新统计数据，因此，本书仍以 2018 年相关统计数据为准进行理论性规律性的分析，后续情况并不影响该分析结果。

来推动城市管理服务精细化和基本公共服务均等化，特别是2014年推出"1+6"文件后基层治理创新不断提速，从基层政区改革而言，除了局部的、零星的析出街道、镇改街道、村改居等外，影响最广、力度最大的应属基本管理单元建设了。这一基层政区调整在完善上海郊区基层治理体系、加密基层治理网络、强化基层治理能力的同时，也对基本公共服务均等化产生了显著影响，其中基层政务公共服务受到的影响更为直接和明显，为此，我们选择基层政务服务作为研究基本管理单元建设对基本公共服务均等化影响的代表，通过实证分析来验证这种影响以及影响的效果。

（一）基本管理单元建设的基层政区属性及其调整效应

基本管理单元建设作为2014年上海市委开展的一号课题"创新社会治理加强基层建设"和二号课题"推进城乡一体化发展"后形成的重要政策抓手，得到民政部的多次报道和肯定，在实践中也有效推动了郊区空间精细化治理。

从上海基本管理单元的设置数量、涉及人群和影响范围来看，这一新型基层空间组织已广泛深刻地影响了上海基层政区的空间结构。例如，截至2018年底，上海市2批基本管理单元数量已达到93个，2018年上海建制镇才107个，可以说在数量上已与建制镇相当；93个基本管理单元共有常住人口近444.0万人，户籍人口近186.6万人，辖区总面积为1 467.8平方千米，涉及上海所有中心城区之外的市辖区，包括浦东新区、闵行区、宝山区、嘉定区、金山区、松江区、青浦区、奉贤区和崇明区9个区，占到上海常住人口的18.32%（以2018年上海常住人口2 423.78万人为基数），占户籍人口的12.89%（以2018年上海户籍人口1 447.57万人为基数），占政区面积的23.15%。可见，基本管理单元虽然是非行政层级，但对上海基层空间治理的影响已非常广泛和深刻。

基本管理单元是一类新型准政区，属于上海基层政区体系的组成部分，主要设立在建制镇内。在2019年已验收的2批共93个基本管理单元中，唯一设在街道办事处下的基本管理单元为青浦区香花桥街道的香花桥基本管理单元。其基层政区属性，可以从行政建制、行政空间和行政单位3个核心要素①进行阐述。

就行政建制要素而言，一是建制通名为“基本管理单元”，建制职能的目的在于补好上海基层治理空间组织体系的短板，进一步提高基层公共管理的有效性、基本公共服务的可及性和基层民众参与的便利性；二是在行政隶属方面，基本管理单元为街镇与村居之间增设的管理服务“中间体”，一般涵盖 4～5 个村居委员会，属性为非行政层级；三是在行政级别上，由于上海市各市辖区差异较大，特别是浦东新区，因此，目前上海市范围内还未统一，浦东新区为副处级，并配置若干名公务员编制，其他区有的是镇级副处领导兼任，有的是副调研员，有的是正科级的事业编制领导等，类型较为多样，但都可以划属在副处级公务员、副调研员、正科公务员、副处级事业编制、正科级事业编制五类属性中，此外配备若干公务员和事业编制，以及多名社区工作者。

就行政空间要素而言，基本的要求是“一般常住人口在 2 万人以上，地域面积在 2 km^2 以上，区域边界清晰可辨”，从 2018 年上海市 93 个基本管理单元来看，平均常住人口规模为 4.77 万人，户籍人口规模为 2.01 万人，面积规模为 15.78 km^2。作为街镇和村居之间的“中间体”，基本管理单元在辖区的空间规模大于上海市街道办事处的平均规模，小于建制镇平均规模，其人口规模则都小于街镇规模。从平均幅度来看，每个基本管理单元内部有 11～15 个村居。

表 2-5　2018 年上海基层政区的政区规模比较

类　型	建制数量/个	平均面积规模/km^2	平均人口规模/万人
街道办事处	105	6.94	9.71
镇	107	56.35	12.77
乡	2	38.32	1.96
基本管理单元	93	15.78	4.77
村居委员会	5 949	1.07	0.41

资料来源：上海市民政局. 上海市行政区划简册 2018[R]. 2018.

① 田穗生，罗辉，曾伟. 中国行政区划概论[M]. 北京：北京大学出版社，2005.

从基层政区调整效应来看，基本管理单元建设是一个系统工程。从建制角度而言，正如前述所言，基本管理单元作为一个新型基层准建制类型，目的在于弥补目前街镇—村（居）在管理架构上无法适应郊区快速城镇化、大型居住区建设等新变化的短板。传统的析出街道或拆分建制镇具有较高的行政成本，而多地探索的“镇管社区”又存在制度不稳定性等问题，因此，基本管理单元作为一类新型准建制，具有应对现实挑战和制度短板的价值。

从层级—幅度而言，基本管理单元虽然是街镇和村居之间的非行政层级，但从管理和服务的角度，它的设立还是相当于增设了一个层次，因此，也有学者把它定位为“中间体”或“中间层”；与此同时，由于“中间体”的存在，以往街镇与村居之间的隶属关系也可以说部分进行了调整。由于基本管理单元通过职能配置，承接了部分街镇的管理和服务职能，因此，从政区规模而言可以说是缩减了街镇的管理空间和规模。从理论上而言，政区在职能不变的情况下，规模的缩小可以增强公共服务的可达性，提升了基本公共服务的均等化水平。

（二）基本管理单元建设对基层政务服务均等化的影响

从基本管理单元“3＋3＋3”的职能设置来看，其在基本公共服务影响上主要涉及社区事务受理中心的基层政务服务以及公共卫生和文化服务，由于这些服务设施的核心还是围绕基本管理单元的社区事务受理中心所在地进行布局，上海社区事务受理中心承担了基层繁多的政务服务内容和需求。从上海市民政局公布的数据来看，截至 2018 年 2 月，上海市共建有 220 个社区事务受理服务中心、67 个分中心，这些中心汇集了公安、民政、人社、医保、卫健、住建、粮食、总工会、残联、档案、经信等 12 个部门的 178 项个人政务事项，年受理事项量超过 1 000 万件[①]。需要指出的是，笔者在调研中得知，这些个人政务服务事项都要求办理者亲自到现场进行面对面的业务办理。这一特点保证了将基层政务服务空间可达性作为均等化研究范围的可

---

① 上海市民政局. 上海社区事务受理服务中心全面实施“全市通办”[EB/OL]. (2018 - 02 - 27) [2020 - 11 - 10]. https://mzj.sh.gov.cn/MZ_zhuzhan2674_0-2-4-10/20200519/MZ_zhuzhan2674_45480.html.

行性。根据空间可达性的模型，我们选择步行时间作为评测可达性的标准。

1. 研究区域概况

研究区域为上海直辖市，根据《上海统计年鉴 2019》，上海市总面积为 6 340.5 km^2，2018 年底常住人口总数为 2 423.78 万人，其中，户籍常住人口为 1 447.57 万人。从基层政区角度而言，上海市 2018 年有市辖区 16 个，街道办事处 105 个、建制镇 107 个、建制乡 2 个以及村居委 6 053 个。全市共有 2 批基本管理单元共 93 个，相关基本管理单元的面积和人口等情况参见前文。

2. 数据与研究方法

1）基础数据

本书所使用的数据主要包括：① 上海市统计局 2018 年行政区划底图；②《上海市行政区划简册 2018》；③ 上海市 2 批 93 个基本管理单元的区位和面积数据；④ 上海市导航地理数据（道路、河流、建筑等）；⑤ 上海市最新卫星影像等。

2）数据处理

首先，将《上海市行政区划简册 2018》中的村居数据导入数据库，编程调用网络地图提供的地址编码接口，根据各村居的地址得到经纬度；其次，在 ArcGIS 中打开有统一坐标系的上海行政区划底图、上海市导航地理数据、上海市最新卫星影像作为参考数据；再次，将获取的带经纬度坐标的上海 6 053 个村居委的数据导入地图，并根据经纬度生成点状要素，再让所有数据统一叠加显示；最后，参照已有的地图和影像，人工判读生成的点状要素位置是否正确，并对错误的数据进行纠正。

3）研究方法

可达性不仅指物理空间距离，也指的是实际所花费的通行时间，目前各地对于“15 分钟社区服务圈”的探讨主要以物理距离到达的时间作为评判的标准，因此，本书选取“设施之间的交通时间”作为服务均等化的指标。在交通时间上，社区级别的计算方式主要还是以步行时间为主，例如上海打造“15 分钟社区生活圈”就主要以步行 15 分钟作为标准，因此，本书最后给出的结果分析，也是以普通人步行时间作为空间可达性的指标，在物理距离上，则以普通人的步行速度为计算标准。

在设施与设施之间，由于交通路径有多种选择，本书假定各点之间都是通过道路网相连，步行不受交通流量和通行时间的约束，只要允许行人通行即可。利用 Dijkstra（迪杰斯特拉）算法来进行最短路径计算，结合普通人的步行速度（4.8 km/h），可以计算得到各个村居委办公中心到镇街政府驻地的步行时间。

首先，通过计算每个村居委驻地到其所属的街镇驻地的时间，得出全市村居委的时间花费表，并对不同时间进行分级，包括小于等于 5 min、5～10 min、10～15 min、15～20 min、20～30 min、30 min～1 h 和 1 h 以上共 7 个等级。其次，将增设的基本管理单元空间数据叠加进上海行政区划图，由于每个基本管理单元相当于街镇的基层政务受理目的地，因此，利用同样的算法，计算村居到达基本管理单元驻地的时间花费表，并进行与第一步同样的分级操作。

3. 研究结果分析

根据以上分析方法和路径，基本管理单元增设前后村居驻地到街镇驻地的步行时间可达性分级情况的比较如表 2－6 所示。

表 2－6　基本管理单元增设前后政务服务空间可达性比较

时间分级	基本管理单元增设前		基本管理单元增设后		变化幅度/%
	数量/个	占比/%	数量/个	占比/%	
5 min 以内	247	4.08	289	4.77	17.00
5～10 min	639	10.56	718	11.86	12.36
10～15 min	736	12.16	845	13.96	14.81
15～20 min	679	11.22	793	13.10	16.79
20～30 min	1 109	18.32	1 258	20.78	13.44
30 min～1 h	1 561	25.79	1 509	24.93	−3.33
1 h 以上	1 082	17.88	641	10.59	−40.76

从基本管理单元增设前后的步行可达性列表来看，可达时间在 30 min 以内的村居数量和占比明显增加，而可达性在 30 min 以上的村居数量明显减少，可达性在 1 h 以上的村居数量甚至减少了 40.76%，其数量占全市村居的比重从 17.88%下降到 10.59%。可见，增设基本管理单元明显提升了上海村居的基层政务服务空间可达性，均等化程度大为改善。

在推进中国式现代化的进程中，增强基本公共服务均衡性和可及性是一项重要任务。作为国家治理基石的基层政区虽然承担着基本公共服务均等化的重任，然而从文献梳理结果来看，从这一视角系统展开的研究还较少。本书在研究基层政区各要素与基本公共服务关联机制的基础上，选取上海基本管理单元的案例，通过量化分析，发现并论证了基层政区调整对基本公共服务均等化的实际影响。基本公共服务均等化是一个理论问题，更是一个实践问题，更加系统理性地论证基层政区在基本公共服务均等化中的重要性，不论是对我们的政策供给还是对构建具有中国特色的公共服务理论，都将起到一定的促进作用。当然，如何通过基层政区的调整或改革来推进基本公共服务均等化，包括优化目前全国多个城市推出的“15 分钟生活圈”建设计划，还需要进一步的深入研究。

第三节　上海五个新城建设与政区治理

超大特大城市通过新城新区的建设以缩小城市内部的空间差异，促进市域整体空间的均衡发展并最终实现全体市民共同富裕的目标，因此，新城新区建设无疑也构成了超大特大城市治理响应中国式现代化提出的“全体人民共同富裕的现代化”应有之义。

行政区划作为空间协同治理的重要政策工具，如何在当前空间关系日益复杂的新城发展中发挥制度效能，既是一个理论议题也是一个现实问题。本书借助尺度、协同、治理等概念和理论构建了超大特大城市新城政区治理的三尺度分析框架，提出相应的假设，进而通过田野调查、案例比较等研究方法对假设进行实证研究。研究表明：政区治理是通过空间关系调整来助力超大特大城市新城建设，而这一助力机制则是由市域、城域、区域三个相对独立又互嵌的尺度构成并展开的，三尺度协同可更好地发挥政区治理的政策效能。

一、对新一轮上海新城建设的基本认识

新城建设在上海并不是一个新词，2003 年印发的《上海市城市总体规划（1999—2020 年）》中就提出了上海建设 11 个新城的目标。“五个新城”的提法则是在 2021 年首次进入上海经济社会五年发展规划。因此，有必要在新的时空背景下对当时“五个新城”提出的内涵进行分析。

上海的新城故事肇始于《上海市城市总体规划（1999—2020 年）》，当时确立了 11 个新城，即现在的五个新城、后来进入城市副中心的闵行和宝山、南北转型的金山和崇明、原浦东和南汇的县城川沙和惠南；2001 年，上海第十个经济社会发展五年规划提出“一城九镇”，其中，一城即新城，仅指松江新城，其他则为新市镇，即临港（南汇）、安亭（嘉定）、浦江（闵行）、高桥（浦东）、枫泾（金山）、奉城（奉贤）、罗店（宝山）、陈家镇（崇明）和朱家角镇（青浦）；2006 年，上海第十一个经济社会发展五年规划提出 1966 城镇体系，即 1 个中心城区，9 个新城，60 左右新市镇，600 左右中心村，其中 9 个新城是在《上海市城市总体规划（1999—2020 年）》的基础上剔除了川沙新城和惠南新城；2011 年，上海第十二个经济社会发展五年规划将新城数量又缩减至 7 个，宝山和闵行从上一轮 9 个新城中退出；2016 年，上海第十三个经济社会发展五年规划中仍是 7 个新城，但随着人口紧缩政策的影响，最终“五个新城”的建设目标是成为长三角城市群综合性节点城市，金山和崇明则为优化规模型。

《上海市国民经济和社会发展第十四个五年规划和二〇三五年远景目标纲要》提出，大力实施新城发展战略。具体而言，就是把嘉定、青浦、松江、奉贤、南汇五个新城打造成独立的综合性节点城市，以五个新城建设为发力点，优化市域空间格局。在此有必要围绕“独立”“综合性”“节点”等关键词以及“新城治理”等做一些探讨，以更好地推进新城高质量、可持续发展。其中的关键是要处理好“城—郊”“产—城”“沪—苏浙皖”“市—区”“城—城”这五对关系。

(一) 重新认识"城—郊"关系，在独立性上用力

随着城市化进程的推进，传统意义上郊区为中心城区疏解产业人口、郊区为中心城区提供保障功能的"城—郊"关系正发生深刻转变。超大特大城市中的所谓"郊区"，完全有可能成为新的、独立的增长极和辐射源，它们不仅有自己的中央商务区(CBD)，也有不断扩大的腹地，并逐渐发挥出自己的溢出效应。

美国学者朱迪丝·德·容在其著作《新型城市郊区化》中，敏锐地观察到美国的大都会区正进入城市和郊区相互融合的"扁平化"发展新阶段，"城市与郊区之间的传统关系正在逐步走向终结"。该书详细考察了休斯敦、芝加哥和凤凰城的案例，并结合美国最大的 20 个都会区的情况，得出结论：美国的城市和郊区变得越来越相似，不管是独立的郊区/城市项目，还是模棱两可的郊区/城市区域，都显示出极大的潜力。该书还重点从停车空间、居住空间、公共空间和商业空间 4 个方面分析了这种"中心城区"融入"郊区性"、"郊区空间"融入"城市性"的大都会扁平化过程。朱迪丝·德·容推测，相似的过程也在世界的其他地方发生并产生了不同的结果。

从全新的大都市区"城—郊"空间关系演变趋势来判断，上海五大新城以"独立"的城市作为定位有其客观空间规律性。未来新城在发力中也应坚定不移地坚持这一定位、顺应这一趋势，在规划建设管理中体现这种"独立性"。当然，有独立性并不代表要刻意回避中心城区的辐射带动作用，相反要持续"欢迎"中心城区的辐射。事实上，只有更好地承接中心城区，才能壮大自身的实力，才能更好地提升面向更广阔空间的"独立性"。需要指出的是，新城作为未来独立的增长极和辐射源，其城郊空间结构应避免与现有中心城区趋同，打造疏朗生态、错落有致、美丽宜居的城市空间结构是新城必须坚持并一以贯之的目标。

(二) 动态平衡"产—城"关系，在综合性上用力

产业作为城市化的驱动力亘古未变，新城要发力，自然需要源源不断的产业发展与创新。但现阶段新城不能仅仅是产业新城，更不仅仅是制造业新城，而应该是一个能避免城市滞后于产业、生活滞后于生产、社会滞后于经济的综合性新城。当然，从自身空间、成本和后发等优势而言，新城较之

中心城区可能更利于发展先进制造业和战略性新兴产业。因此，围绕集成电路、生物医药、人工智能三大先导产业，以及电子信息、汽车、高端装备、先进材料、生命健康、时尚消费品六大重点产业领域进行布局是新城发力的应有之义。与此同时，随着数字化背景下功能性资源配置去中心化趋势的加强，新城也同样需要布局精算会计、法律咨询、中介经纪、在线经济等中心城区有传统优势的都市型产业。

之所以要强调新城的综合性城市功能，是因为产城融合、功能完备、职住平衡、生态宜居不仅仅是实现新城高品质生活的需要，更是驱动新城产业发展、转型、升级的重要力量。无论是战略性新兴产业的更新迭代和转型换挡，还是现代服务业所依托的城市功能，以及依托优质教育、医疗、康养、休闲等资源吸引的各方面人才，都指向了新城的综合性城市功能。因此，新城发力不仅首先应在产业基础上继续做大做强，实现跨越式发展，而且应尽可能精准同步补齐城市综合功能的短板，在一些小尺度空间的开发策略上不妨采取“先生活后生产、先宜居后宜业、先地下后地上”等新思路，并协调处理好老城保护更新与新城开发建设融合、城市发展与乡村振兴融合、先进制造业与现代服务业融合、优质个性生活服务与普惠基本公共服务融合等关系，为新城的持续性发力、高质量发力奠定基础。

(三) 强化“沪—苏浙皖”一体化关系，在节点功能上用力

长三角一体化上升为国家战略，这既是长三角区域均衡发展客观规律的重要体现，也是上海这座超大城市提升城市能级和核心竞争力的必由之路。五大新城发力，不仅可以加快长三角区域一体化的发展进程，而且也是上海强化“四大功能”的重要支持。特别是在加快构建新发展格局的背景下，长三角作为我国经济体量最大、实力最强、人口最多的城市群，增加重要城市节点密度，有利于激发区域投资、满足区域需求、增加区域消费、加快区域和国内大循环。上海在五大新城建设过程中，应通过优化市域空间布局，来缩短全球资源配置时间、提升科创策源效率、增强高端产业引领、强化开放枢纽门户功能，进而更好地承担国内国际双循环的战略链接功能。

因此，要把五大新城建设为长三角城市群中具有辐射带动作用的独立综合性节点城市，融入长三角区域城市网络。在新城建设中，应将打造节点

功能方面好的经验和做法进行推广，例如沿交通廊道开展联动发展，在交界地区开展毗邻党建，构建跨界的飞地和反向飞地模式，开展基于技术和制度创新的异地业务办理和结算，加强政府人员的双向挂职和交叉任职，等等。

（四）优化梳理“市—区”关系，在治理体系上用力

五大新城中除南汇新城外，其他四个新城所在行政单元的建制与中心城区的市辖区相同，这决定了其管理架构、权责结构、配置权限等与中心城区市辖区基本趋同。然而，中心城区市辖区在治理载荷、空间特点、发展阶段、发展任务和管理服务目标方面，与新城所在市辖区还是多有差异，要推动新城更好发力，现有的“市—区”治理框架可能需要做一些优化。此外，处理好已有新城规划区与所在市辖区、相关街镇和园区管委会的关系，也是新城在治理机制上需要重点考虑的。

从操作路径而言，要实现新城治理体系现代化的目标，应在传统新城管委会模式的基础上，借鉴“强县扩权”“县下辖市”“直辖制”“管镇联动”“功能区辖街镇”“析出街道”等实践探索中符合现有法律规定的一些做法。总之，优化“市—市辖区（新城）”治理架构，激发新城及其所在市辖区和街镇的发展积极性、主动性和自主性，是落实“新城发力”目标的重要举措。

（五）统筹协调“城—城”关系，在差异结合上用力

五个新城犹如五个手指，每个手指各有特点，但最终应该“握拳有力”。如何统筹协调好五大新城在发力中的共性与个性，是推进五大新城发展的又一重要任务。

从以往新城发展实践来看，平均用力、同质竞争、毫无侧重显然是不可取的，而政策不均衡、“吃偏饭”、步调不统一显然也是有问题的。可行的路径是：在共性政策和资源上力争实现均衡普适和标准化，在个性特点和阶段上实现差异扶持和相机决策，在制度上可适度采用“晋升锦标赛治理模式”，以激发各新城的发展积极性和主动性，同时以“人民新城”为导向，引入更多自下而上和第三方的多元评价机制。

二、行政区划视角下的超大特大城市新城治理

党的二十届三中全会指出“推动形成超大特大城市智慧高效治理新体

系，建立都市圈同城化发展体制机制”“完善区域一体化发展机制，构建跨行政区合作发展新机制”。党的十九届四中全会也提出“优化行政区划设置，提高中心城市和城市群综合承载和资源优化配置能力”。可见，空间协同背景下的新城发展与治理已成为我国的重要战略问题，而行政区划作为一种重要资源，如何发挥其制度效能，则成为这一重大现实问题中的核心议题。

从研究来看，仅针对新城自身空间尺度研究行政区划，显然已难以解释新阶段超大特大城市新城政区的挑战，而承袭原有区划调整形成的新城政区格局也已不能适应新的发展格局。因此，如何在新城与母城、新城与外城、新城内部城乡等多尺度空间协同中评价现有新城政区格局并分析其演进逻辑，无疑对于推进未来新城新区建设、优化行政区划制度、探寻大国区域治理路径等现实问题具有重要意义。而理论上，现实催生的新场景为研究政区治理新逻辑，以及由政区来透视尺度政治、协同治理等理论的创新也提供了机会。

我国城镇化的快速发展，既是工业化和城镇建设的结果，也得益于行政区划调整释放的制度活力，而从我国行政区划调整和政区制度改革的最大动力来看，其中之一无疑是来自城镇化①。行政区划作为上层建筑，在我国波澜壮阔的城市化浪潮中扮演了重要角色，相关研究也多有展开②。

新城作为城镇化的一种方式，在迅速的空间改造中都难免对原有行政区划设置形成挑战，并由此引致行政区划的调整③。这种调整的研究也在不同空间尺度陆续展开，包括郊区“县改区”的标准讨论④，市区与郊区的区划设置国际比较⑤，超大特大城市郊区基层政区中的基本管理单元设置⑥，

---

① 刘君德. 论中国建制市的多模式发展与渐进式转换战略[J]. 江汉论坛，2014(3)：5-12.

② 张可云，李晨. 新中国 70 年行政区划调整的历程、特征与展望[J]. 社会科学辑刊，2021(1)：118-128，2；刘云刚，王丰龙. 城镇化中的行政区划理论问题刍议[J]. 中国名城，2020(10)：4-11.

③ 李丽雅. 特大城市边缘地区城市化与行政区划体制改革研究：对特大城市边缘地区“撤县(市)改区”模式的透视[J]. 经济地理，2002(4)：460-464.

④ 叶素云. 我国城市行政区划调整的现实难题与改革思路[J]. 城市，2019(10)：53-60；熊竞. 我国特大城市郊区(域)行政区划体制研究：以上海为例[M]. 南京：江苏人民出版社，2017.

⑤ 马祖琦，刘君德. 国外大城市中心城区区级政区职能研究[J]. 城市规划，2003(3)：43-48；刘君德，马祖琦，熊竞. 中央直辖市政区空间组织与制度模式探析：理论架构、比较分析及实证研究[M]. 南京：东南大学出版社，2012.

⑥ 熊竞，陈亮. 城市大型社区的治理单元再造与治理能力再生产研究：以上海市 HT 镇基本管理单元实践为例[J]. 中国行政管理，2019(9)：56-61.

省界毗邻区域的政区治理①，区域协调中的政区治理②等方面。这些研究对新城与政区的影响和作用机理展开了广泛深入的探讨。遗憾的是，这些探讨多是单一空间尺度下的分析，且仅围绕城乡协同展开，而基于城镇化率超过50％以及新型郊区化背景下更为复杂和多尺度的研究并不多见，这也构成了本研究的理论价值和实践意义。

(一) 分析框架

新城作为一个空间综合体，其研究必然涉及多学科、多理论的探讨。本节拟以尺度理论为核心，兼顾协同学、治理理论、城市科学、政区地理学等多理论，以形成分析框架。

尺度作为观察对象的空间比例尺，既包括了物理空间大小及其关系，也涵盖了社会关系以及政治关系作用下空间内涵的变化③。作为来源于空间的概念和理论，尺度天然具有表达空间关系的内涵，包括常用的拓扑、嵌套、结构等关系。协同学则是研究各子系统如何协同并形成整体效应，子系统为追求专业性、完整性、交易成本最小化而独立是必要的，但是进入一个追求更系统更具持久效应的目标时，揭示子系统之间协同的可能性以及在可能性下厘清它们的机制，就成为实现整体效应目标的关键。本书提出的“尺度协同”是指，基于分析不同尺度下形成的相对独立的各类空间作用机制及这些作用机制下的空间结果，找出不同尺度之间是否存在相互链接、传动、嵌套、互动等影响，以及它们是如何相互影响并形成一个系统化的、演进性的协同机制体系。分析尺度协同的目的在于更好地厘清并解释复杂空间结构下的作用关系，进而提升空间的整体效应。

政区治理是指基于行政区的治理，是围绕行政区而不是经济区（市场区）、服务区（圈）以及基层自然形成的社会区进行经济资源配置、公共服务供给、规划落地和社会公共管理。政区治理可以发挥政府统筹协调、集聚资源的内在动力（属地责任清晰、权责明确），促进地方锦标赛④，但也可能出

---

① 朱传耿．省际边界区域协调发展研究[M]．北京：科学出版社，2012．

② 熊竞．区域城市一体化的政区逻辑：政区治理化与治理政区化[J]．上海行政学院学报，2022，23(1)：65-73．

③ 王丰龙，刘云刚．中国行政区划调整的尺度政治[J]．地理学报，2019，74(10)：2136-2146．

④ 周黎安．中国地方官员的晋升锦标赛模式研究[J]．经济研究，2007(7)：36-50．

现“一亩三分地”、“自我小循环”、“诸侯经济”、以邻为壑、重复建设、边缘衰减等挑战。政区治理具有刚性、全覆盖性、法定性、间断性(跨越卡夫丁峡谷)等特点,符合空间规律则持续发挥正效应,不符合则可能阻碍经济社会的发展。政区治理还强调公众参与以及政区静态功能—政区动态调整—政区制度变迁的系统性行政区划制度转化为治理效能的过程①。

超大特大城市新城建设作为一个复杂的城市化进程,是产业、人口、土地、生态、科技、文化、制度等诸多因素进行空间生产和再生产的过程。行政区划作为一种调节空间关系的制度与这一过程有着必然的联系,加之基于土地、财税、公共服务等制度而形成的中国式新城建设模式,更是让基于行政区划设置的政区治理有着更为紧密的强关联。在超大特大城市的新城建设中,其空间关系较之一般的新城建设,有着更为复杂多变的空间特点。这既对政区治理提出了更大的挑战,同时也赋予了政区治理更多的使命。

首先,超大特大城市的新城建设,其诞生动因、发展动力、资源依托等可能都源自母城。因此,政区治理也首先应该为处理好新城与母城的空间关系服务。其理由有二：一是为新城建设中母城功能疏解、管理权责配置、规划全域引导、交通整体布局等提供框架性制度支撑;二是行政区划制度作为上层建筑,需要分析其顺应并促进城市空间关系调整的机理。

其次,随着新城产业和人口等要素集聚引发城乡关系深刻调整,将对新城原有的基层政区空间格局产生挑战,无论是城乡建制类型还是政区规模大小以及行政层级等都必须适应新的城乡关系。因此,在母城—新城的政区关系调整后,基层政区调整成为顺应和促进新城发展的重要政区治理内容。

最后,在新城不断发展壮大及自身辐射能级不断提升的趋势下,新城的空间拓展和溢出使得跨界治理需求凸显。行政区划作为影响区域一体化的重要制度,如何来顺应新城这一空间客观发展需求,则是新城政区治理的又一重要内容。

基于这一分析框架,提出三个假设：

① 熊竞,罗翔,沈洁,等.从“空间治理”到“区划治理”：理论反思和实践路径[J].城市发展研究,2017,24(11)：89-93,124.

假设 1：市域尺度的政区治理目标，在于通过行政建制的变更，更好协同市区与郊区的关系，以促进新城接收中心城区资源辐射，进而破解新城建设中投入大、成本高，但见效慢、收效长的矛盾。

假设 2：在市域尺度重构后，新城将步入城镇化快车道并对新城内部的城乡关系造成冲击，城域尺度的政区治理目标，则在于通过城乡建制转换、政区规模调整以及开发区与行政区协同，以破解新城内部城乡分割、产城分离的矛盾。

假设 3：随着新城的快速城镇化和独立综合节点功能的形成，区域尺度的政区治理目标，在于通过政区刚性或柔性合并，更好协同市域与周边都市圈的空间关系，破解新城建设中快速城镇化后跨空间辐射增长与跨政区制度阻碍的矛盾。

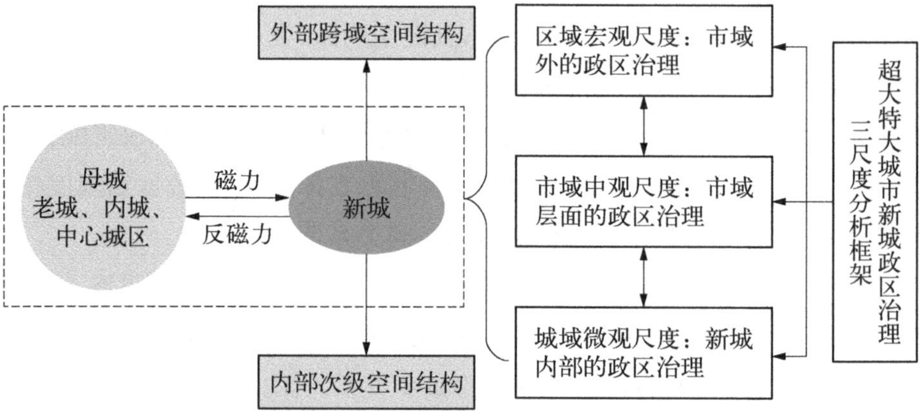

图 2－6　超大特大城市新城政区治理三尺度分析框架

(二) 研究方法和数据来源

超大特大城市新城治理研究拟采用同区域多案例深入调研访谈的材料搜集方法，以及多理论综合形成分析框架对案例演进过程进行解释阐述的研究方法。在研究过程中，考虑到一般规律总结的需要，论证过程中也采用了比较研究的方法。

上海是我国超大特大城市中新城开发建设较早的城市，且其区划调整实践有丰富的案例，因此，以上海的新城作为研究对象具有前瞻性和代表性，特别是上海目前正在大力推进五个新城建设，为观察新发展阶段和新发展格局下的超大特大城市新城发展提供了田野调查场景。

上海新城相关调研数据来自 2021 年 6 月底到 2021 年 9 月初和 2022 年 7 月底到 9 月初，笔者分别前往上海市规划与自然资源局、发展和改革委员会、民政局等委办局座谈，并进入五个新城所在区以及相关街镇、开发区开展的实地调研访谈。相关数据和素材也来自 2021 年上海市制定的“1＋6＋5”新城规划建设总体政策框架。

三、县改区的助力与意外：市域尺度下新城建制转换的利与弊

城市化过程体现为两个方面：一方面是内城更新和品质提升的内涵式城市化，另一方面是乡村到城市的新空间生产[①]。而新空间生产也可分为两类模式：一种是乡村区域上的城市新建，另一种则是依托既有城市的新拓展。后一种模式又可细分为两种类型，即外延型和飞地型。外延型拓展，即“城市的离心扩展，一直保持与建成区接壤，连续渐次地向外推进”，日常我们也常称这种城市拓展为“摊大饼”。飞地型拓展，即“推进过程中出现了空间上与建成区断开，职能上与中心城市保持联系的城市拓展方式”。我们要讨论的超大特大城市新城即属于这一模式。

飞地型拓展模式，即新城、卫星城、辅城等开发建设面临的一个突出难题是，由于新城一般远离中心城区，甚至远离母城，而在距离衰减规律下，其城市化基础一般较为薄弱，产业层级也不高。因此，要建成一座新城，必然面临开发成本高、见效周期长、过程风险大的挑战，如不能很好地平衡好投入—产出关系，形成投入—产出—再投入的良性互动，则必然会挫伤新城发展的积极性，甚至出现“烂尾”工程[②]。平衡好这种关系可以说是新城建设的关键。从实践操作来看，平衡新城建设收入—产出的路径一般包括给予巨大的资金支持、特殊的政策聚焦、高位的战略承载，以及抢抓大产业导入重大机遇（如上海浦东张江高科技园区的发展，是抓住了 20 世纪中期巴黎

---

① 许学强，周一星，宁越敏．城市地理学[M]．北京：高等教育出版社，1997．

② 彭冲，陆铭．从新城看治理：增长目标短期化下的建城热潮及后果[J]．管理世界，2019，35(8)：44－57，190－191．

统筹委员会解散后发达国家高科技产业全球转移的重大机遇)①、大工程建设机遇(如国际性或全国性的展会场馆建设)、大功能开发机遇(轨道交通以及海港空港等交通枢纽建设)等，通过重大战略和重大机遇的快产出和大产出效应来平衡建设初期和建设过程的大投入。

从行政区划来看，区划调整作为一种生产力、一种资源，可在其中发挥重要作用。最为重要的一个举措就是通过“县改区”以更好借助母城辐射效应，更好提升城市的宣传效应，更好利用城镇土地财税制度，更好强化市域空间统筹。为此，超大特大城市纷纷加速撤县(市)设区，通过这一方式为新城建设营造招商引资、土地开发的建制性制度环境。我们在一些新城所在区调研中发现，某区发展改革委的同志也指出“县改成了区，让外人也感觉是个城市，如果只是县，总感觉还是个农村”(2021－07－28 调研记录)。

正是基于这一逻辑，四大直辖市除了重庆市，京沪津都已进入“无县”发展时代。例如，上海五个新城所在区分别在 1992 年(嘉定区)、1998 年(松江区)、1999 年(青浦区)、2001 年(奉贤区、南汇区)完成了撤县设区。而直辖市以外的超大特大城市，则是通过“县市改区”的方式推进郊区新城新区的发展。这种具有一定超前性的城乡建制转换，或者说建制城市化，确实通过营造城市化的营商环境和土地利用制度改革效能，一定程度上推动了郊区新城新区的发展。但是，政区调整作为一个刚性较强、整体性影响较大的制度调整，也埋下了一些制度上的隐患。

这些隐患除了假性城镇化引发的统计偏差、土地低效利用等问题外，还包括新城所在政区与市级机关的关系也将发生改变带来的挑战。新城所在县改为“市辖区”后，其治理权能和结构也“雷同于”中心城区的市辖区，但传统中心城区的市辖区往往开发建设任务并不重，与郊区的市辖区在空间基础、地域条件、发展阶段等方面也都有所差异。但是，一旦建制趋同则可能让郊区新城发展面临“区位不同区划同、功能不同职能同、定位不同地位同”的治理矛盾。

---

① 张昇平，曾刚，熊竞. 科技驱动型新型城镇化：以上海张江为例[M]. 北京：中国工人出版社，2015.

新一轮的新城建设定位，由于考虑区域一体化以及中心城区单体城市规模的极限化，则进一步强调了新城的独立性、节点性、综合性，而建制上的掣肘则无疑对于这一新定位的实现将产生结构上的阻碍作用。

关于郊区新城过早过快进行县市改区造成的制度隐患，我们至少可以从国内、国际两个方面加以论证。从国内新城发展来看，笔者在对上海 SJ 新城的实地调研中，受访者就提出目前新城以及区里在开发建设上面临相应的权能短缺，并提出了 12 条政策诉求。

表 2-7 上海市 SJ 新城在开发建设权能上的政策诉求

类 别	诉 求	具 体 情 况
城市独立综合节点建设方面	进一步加大独立城市建设的制度创新和供给	建议推动经济社会管理权优先向新城放权，比如规划审批权限、广告设置权限等
	完善大居建设的配套工作机制	承担了 4 个大型居住社区建设任务，在土地指标和资金平衡上存在较大困难
	优化项目审批	35%的绿地率从点平衡到面平衡，对耕地、水面积、文化用地等占补平衡给予支持
	继续实施土地出让金返还政策	继续按照 30%甚至更高的比例返还市本级土地出让收入余额，加大对政府债券发行的支持力度，加大地方政府债券倾斜力度
	优质公共服务资源	支持引进 1～2 所高水平示范性实验性高中，支持引进高质量三级医院、中医院、儿科医院等
	综合交通体系建设	支持交通枢纽建设，城际高铁、地铁延伸，对区区对接的干道快速化等给予资金支持
产业高质量发展方面	结合实际适度新增产业用地指标	优质产业项目较多，用地指标紧张
	研究出台存量二次开发配套政策	二次开发土地收储企业动迁成本较高，资金平衡难度大
	完善资源性要素配置的市级统筹机制	市级重大产业项目新增建设用地指标与减量化指标脱钩，重大项目能耗和污染物排放指标由市级统筹，提高工业、研发用地容积率

续 表

类 别	诉 求	具 体 情 况
房地产健康平稳发展方面	延续租赁住房用地统筹政策	在保证租赁住房用地总量满足要求的前提下，实行全区土地15%用于租赁住房用地统筹
	深化区域市场精准调控，实行差异化市场定价规则	在新建商品住房定价过程中，一方面能够更加细分板块，实行差别化定价原则；另一方面能突破行政区划的界限，按照实际项目地理环境和周边配套参照定价
	加大人才住房保障力度	将部分大居市属保障房转为人才公寓和商品住宅；非本市户籍人才，购房资格由居民家庭调整为个人；缩短非本市户籍人才购房缴纳税金的年限

资料来源：根据作者2021年实地调研访谈整理而成。

从以上这些政策诉求可以明显看出，由于新城发展区位、阶段、基础与市中心区不同，其治理内容和要求也有所差异。比如，新城要更注重城市建设开发而不是市中心区注重的城市更新治理，新城要更注重先进制造业等产业发展而不是市中心注重的生活性服务业，新城要更多吸引非本市户籍的人才而不是市中心区可落户的人才。由于新城所在的建制与市中心区都为“市辖区”，使得其政策差异度难以体现，进而造成在市层面新城所在的市辖区有更多的政策诉求。

从反证来看，新城如果随着城市化的快速推进，特别是靠近市中心区的新城，与母城逐渐相连，则确实有必要与市中心区的“市辖区”保持一致。即一旦纳入中心城区相同的建制类型，则该建制单元的相关权限一般就需上收到市级政府并配置适宜市中心区空间制特点的权限。这一方面是为了避免各建制单元主体性太强而造成过度竞争、规划不齐、各自为政，因为作为连续集中的市区更需要相互协调、一体谋划、各方统筹来实现大都市区的整体性治理目标。另一方面则是为了加快建制单元的治理转型，强化其作为成熟城市化地区的治理定位。例如，曾经作为上海新城的宝山新城、闵行新城等随着与中心城区相连，也就退出“新城序列”，改为城市副中心的新定位了。这表明这些曾经的新城已经作为城市中心的一部分来发展，虽然只是

“副的中心”。

从全球范围超大特大城市和大都市区治理来看，也有相似的规律，即存在“强市弱区、内紧外松”的治理特点。该治理特点的含义是，对于市中心区，普遍是凸显市级强统筹为主的整体性治理和集权性治理，而对于中心城区之外的郊区（包括新城镇和通勤圈），除非划入“市辖区”，否则以较为松散的协商性治理和分权性治理为主。一方面，中心城区作为“市辖区”往往权限较小，以配合和协助市级机构治理为主，体现为“强市弱区”甚至“实市虚区”（区级机构只是市政府的派出机构）的市区关系。另一方面，相比“市辖区”的紧管制，郊区和新城地区基层单元的自治性更强。例如，在美国的郊区化发展中，由于市镇的自治程度高，其郊区发展具有相对独立性，具有良好区位条件或发展机遇的郊区，很快形成与中心城区相“抗衡”的“边缘城市”。在日本东京都多摩地区等新城建设过程中，并未调整其建制，仍以施行地方自治的“市町村”为其建制单位。在大伦敦议会多次整合和拆散的体制调整中，“自治市”权限一直较大，且内伦敦（12个自治市）和外伦敦（20个自治市）的自治市在权限上还有差异（见表2-8）。

表2-8　海内外大都市市辖区治理权限特点

城　市	市级政区权限	市辖区权限	相关法律规定
纽约市	立法、监督、审查、批准	无立法权	大纽约宪章
巴黎市	议会选出市长拥有绝大多数决策权	区级议会无法人资格	—
东京都	财权在都政府，消防、供给水等上收	23个都心区没有财权	通过专门立法调整财权和规划权
台北市	市政府统筹规划、发展等	派出机构，无人、财、物自主权	台北政府组织自治条例
伦敦市	建立后撤销再恢复，确保大伦敦地区的统一协调	撒切尔时期撤销，但碎片化、群龙无首，最终恢复	伦敦政府法案等
柏林城市州	一级管理，城市州权力集中	派出机构，无发展权	—
大阪府	一级管理	小区制，派出机构	地方自治法

此外，根据国际经验还发现，各国超大特大城市一般是狭域设置市中心区，即作为“区”纳入市中心区的空间以连续的高密度的城市建成区为主，面积不超过1 000平方公里。换言之，超大特大城市城市化进程中近域连续拓展“摊大饼”最多摊到1 000平方公里，例如纽约(833平方公里)、巴黎(105平方公里)、东京都(都心23区621平方公里)、柏林城市州(891平方公里)、首尔(605平方公里)、大伦敦都市区(1 577平方公里)。而这一面积以圆形计算，圆半径大约为20公里，倘若作为另外一个独立节点的新城也保持这一单体面积规模，则母城中心与新城中心的距离大概为50公里，而这一距离也是最早探索新城的英国和日本等提出的距离母城最佳的新城距离。而市中心区的次级管理单元建制一般为“区”。例如，东京都下辖的23个“区”，巴黎大都市区(大巴黎)下辖的20个“区”(小巴黎)，纽约大都市区下辖的5个“区”等。

一旦作为郊区或新城的建制，则一般不以“区”为建制类型。例如，东京都的郊区不设市辖区建制，仍维持独立建制设置，包括多摩地区的26个市、3个町、1个村以及岛屿地区的2个町7个村；巴黎大都市区的近郊，设上塞纳省、塞纳—圣—德尼斯省和瓦尔—德—马恩省和远郊4省；伦敦大都市区由麦特绿带内的“行政建成区”即由常说的伦敦(1 577平方公里)+周边面积略大的“功能区”+更广阔的“城市聚集区”组成，其中面积更大的“功能区”和“城市聚集区”(面积大致为6 700平方公里，人口是大伦敦的1.5倍)，都是相对独立的建制单位；纽约大都市的近郊，设12个县以及跨州的远郊14个县；韩国首尔市都市圈周边，则采取“首尔市—京畿道(自治市)”的独立建制设置；柏林市都市圈则由柏林城市州(891平方公里)与勃兰登堡州(下辖市镇建制)组成。

四、乡镇改街与管镇联动：城域尺度下基层政区的大小与虚实

随着中观尺度的政区调整，新城城市化进程进入快车道。大量人口和产业要素的导入，以及城市化要求的提升，使得原有城域内微观尺度的郊区乡村型基层政区的不适应性凸显。为解决这些问题，地方政府在实践中主要采取了三方面举措。这些举措通过拉开城市空间框架、推进空间分类和

精细化治理，基本适应了新城的开发建设和管理。

(一) 基层政区建制转型以协同城镇与乡村的关系

建制的核心是根据地域空间的发展和管理特点，分类配置相应的权责利，通过“上层建筑反作用于经济基础”以更好促进地域空间的转型和升级。新城开发无疑使得地域空间结构从乡村型向城镇型演进，相应的空间管理也需要从分散、同质、凝固、保守的乡村治理向集中、异质、流动、开放的城镇治理转变，而乡、镇、街道办事处等建制类型为不同地域空间性质及其管理要求提供了制度框架。为此，在新城加快开发建设的同时，政区结构上也加快乡改镇、镇改街道、村改居、镇管社区等调整和优化，以通过建制城市化促进空间城镇化，通过建制转换实现空间的分类治理、精细治理。

上海在新城新区建设中，基层政区不断推进建制的城乡转换。浦东新区自 1992 年成立以来，在 1995 年进行过一轮大规模的乡改镇，全区 1995 年从 11 街道 5 镇 27 乡通过撤乡建镇调整为 11 街道 30 镇，27 个乡全部撤销，其中，19 个乡是整建制撤乡建镇并保留原专名，1 个乡与邻近镇合并转为建制镇(撤销杨思乡与杨思镇建立杨思镇)，2 个乡合并成立新的建制镇(撤销高南乡、东沟乡，建立东沟镇)，5 个乡撤销建镇并更名(撤销高桥乡建立外高桥镇，撤销城镇乡建立东城镇，撤销洋泾乡建立钦洋镇，撤销唐镇乡、江镇乡建立唐镇和江镇)，由此浦东新区进入“无乡”发展时代；松江在新城建设过程中，首先是在 1994 年随着 11 个乡改镇，进入“无乡”发展时代，又在 2000 年通过撤镇设街道进入“有街”发展时代，并在 2015 年新析出 2 个街道构建了“6 街道 11 镇”的发展格局；闵行、宝山、嘉定、青浦、奉贤等新城也都历经了乡改镇、镇改(析)街道的建制调整过程。

(二) 基层政区规模撤并协同发展与治理的关系

在建制类型城乡转换的同时，随着人口导入和产业集聚，人口、企业以及交通路网、公共服务设施等密度不断增加，一定空间内的管理事务数量和类型也相应增加，而随着城市化水平的提升，居民和企业对基本公共服务可及性以及公共管理精准性的需求也不断提升，面对治理需求和要求的双重压力，原有乡村型政区的空间单元规模已明显偏大，因此，对基层政区的空间规模进行重组是新城区划调整的重要内容。与此同时，新城处于推进经济发展、空间开发与公共管理、公共服务并重的转型交融时空阶段。因此，前者要求基层政区规模不能太小，而后者要求基层政区规模不能太大。

从脱胎于乡村或城乡接合部的新城基层政区空间规模而言，综合以上两方面的矛盾要求，相对而言，基层政区空间规模相对偏大，特别是从发展趋势而言，新城未来都是要建设成为成熟的城区，其空间单元规模也应与母城中心城区相似，包括从构建15分钟社区生活圈出发而要求的基层政区适域规模。

从上海各新城的建设来看，基层政区的平均规模历经了一个从小到大，又逐渐开启从大到小的演进过程。例如，21世纪初在全国大范围的乡镇撤并背景下，上海也从“三个集中”的角度进行了乡镇撤并，全市乡镇数量从200多个撤并到100多个。近年来，随着新城所在区从大镇中析出街道（例如奉贤区南桥镇陆续析出奉浦街道、西渡街道和金海街道），以及增设基本管理单元，新城的治理规模则开始逐渐缩小，但是与中心城区平均规模相比还是显得很大。例如，2020年底黄浦区常住人口为56.4万人，浦东新区花木街道常住人口为24.7万人，人口相差2倍左右，但城管队员人数相差10倍左右（2021年初实地调研）。

表2-9 2020年上海各区街镇行政区结构统计

区域	街道平均面积/km^2	街道平均人数/万人	街道人口密度/(万人/km^2)	街道平均幅度/个	乡镇平均面积/km^2	乡镇平均人数/万人	乡镇平均幅度/个
黄浦	2.05	5.64	2.75	18.30	—	—	—
徐汇	3.97	8.77	2.21	24.00	7.27	7.57	17.00
长宁	2.79	6.46	2.32	16.89	12.01	15.13	33.00
静安	2.26	6.74	2.98	18.08	7.88	15.69	41.00
普陀	3.62	11.75	3.24	24.88	13.28	18.67	32.00
虹口	2.93	9.46	3.23	26.50	—	—	—
杨浦	5.05	9.26	1.83	24.09	—	—	—

续　表

区域	街道平均面积/km^2	街道平均人数/万人	街道人口密度/(万人/km^2)	街道平均幅度/个	乡镇平均面积/km^2	乡镇平均人数/万人	乡镇平均幅度/个
闵行	18.81	14.65	0.78	34.75	31.52	21.37	45.56
宝山	7.72	13.53	1.75	35.00	30.21	18.83	40.67
嘉定	8.25	9.11	0.38	15.67	59.57	19.44	35.71
浦东	7.14	14.27	2.00	33.58	54.86	17.76	36.33
金山	22.54	8.56	0.38	25.00	65.49	7.90	22.00
松江	18.60	11.44	0.62	19.33	44.82	10.35	18.18
青浦	40.37	12.15	0.30	31.33	68.45	11.35	25.38
奉贤	21.46	7.32	0.34	16.50	83.59	11.11	29.38
崇明	—	—	—	—	74.37	3.89	21.50
总计	11.17	9.94	0.89	23.77	42.56	13.77	30.61

资料来源：上海市民政局.上海市行政区划简册2021[R].2021.

(三) 基层政区层级嵌套以协同生产与生活的关系

协同产城关系是新城发展的一个重要议题。从空间而言，协同产城关系即协同新城规划区、工业园区与行政区、社区的关系；从时间演进来看，协同过程历经了基层政区园区化到园区基层政区化的演进。

基层政区园区化，即新城开发初期往往以产为主，以产带城，这个阶段街镇社区主要是划出土地成立开发小区，并从社区管理角度配合开发建设。新城往往根据一定的交通线路、自然水域、工业区位等产业规划要求，通过多个基层政区的空间重组形成开发园区，进而形成准政区。与此同时，乡镇仍在撤并，但归属开发园区的空间并未同步推进，而是仍保留在园区内，之前名义上坐落在特定镇的园区空间，也并未随镇撤并到其他镇。

新城发展的中后期则以城为主，以城促产，这个阶段街镇社区的重要性凸显。特别是随着国家对开发区管理体制规范性的提升，以及产城融合的进一步发展，开发区的社会管理和公共服务如仍由开发区管委会或开发公司代管，则存在两方面问题：其一，制度上的不规范，即开发公司管社区不符合政企分开的改革原则；其二，随着开发区的开发成熟和转型升级，它也更需要社会管理等非经济公共产品的支撑，而管委会和开发公司显然不是能够专业、规范地供给非经济公共产品的行政建制。即使经济类公共事务中的公共管理职责也逐渐规范化，开发公司仅仅作为一类市场主体参与公平的市场竞争，而不是既做运动员又做裁判员。

如保留开发区管委会，则与周边街镇协作进行相互更专业的管理，即管委会将周边街镇的经济小区或招商引资等任务纳入管委会工作职责范畴。与此同时，通过签订行政协议将园区内的社会事务委托给周边街镇管理，并提供相应的转移支付资金保障。对于周边镇无法代管的，则成立隶属于上级政府的社区委员会，即上级派出专门负责社会治理的机构对园区内生活居住区进行管理，形成类街道办事处体制，并待时机成熟后转制为规范的街道办事处。例如，2014 年以来奉贤区奉浦街道就是在奉浦工业园区政企分开后设立的，而上海首批市级奉贤现代农业园区也在政企分开中设立了金海街道。

五、外域划入与跨界创新：区域尺度下市界区划调整的动与静

随着新城人口和产业的不断导入以及城市基础设施、服务设施、配套设施的不断完善，新城的辐射和涓滴效应开始凸显。新城的发展，空间拓展在所难免。从行政区划助力来看，实践中主要有两条路径：一是动区划调整，通过政区兼并、合并等方式，扩大新城的空间规模，并与其辐射范围相匹配；二是维持政区格局不变，通过跨界合作创新的方式寻求腹地的拓展。

（一）新城政区的外域划入：蚕食型近域拓展与整建制广域拓展

在政区划入路径上，可以分为蚕食型近域拓展与整建制广域拓展两种模式。前者通过政区空间合并（行政区划调整）来拓展新城新区的腹地，是一种比较彻底的新城向外空间辐射模式。从美国的大都市区发展实践来看，"高密度的城市不可能再提高密度。高密度城市的唯一发展途径是拓展

其边界。必须向外拓展而不是增加密度来增加城市发展的弹性”①。“事实上，所有城市中只有20%提高其密度，而其他城市都是插建和外围空间拓展同时进行。”“外围空间拓展对增加城市发展弹性有很大作用。在1950—1990年，522个核心城市中超过45个城市的边界有超过10%的拓展。”当然，需要指出的是，这些边界拓展是基于母城向外辐射的要求，但在内在逻辑上新城与之具有相似性。虽然新城在拓展的时候还需要特别考虑和母城的关系，特别是中国“市管县(市)”体制下(这一体制在省级政区内部相当于构建一个中观尺度上的都市区或城镇群)，郊区新城新区的拓展既是自身的拓展，也是和母城一起作为一个大都市区整体的拓展。

从我国的实践来看，改革开放前对于特大城市的区划拓展一般有两种模式：一种是蚕食型近域拓展，即以一小块，一般是以基层政区，即乡镇为单元或乡镇部分区域划入；另一种则是整建制广域划入，即将卫星城周边的县以整建制撤销并划入卫星城的方式，以实现空间拓展和城乡融合。

第一种模式包括1958年之前，江苏省部分区域以乡镇为尺度划入上海市郊区。1949年7月至1954年2月，原江苏省苏南行署区嘉定县的诸翟镇西部、松江县的莘庄镇、青浦县的七宝镇、川沙县的高行镇一部、嘉定县新杨乡和江桥乡的部分区域先后划入上海的西郊区、东郊区和北郊区，以拓展郊区发展空间。另一种模式的实例则有1958年上海和北京都整建制先后从江苏和河北划入多个建制县，以大幅增加郊区空间②。

卫星城或新城的空间拓展也包括了对市域内周边政区的兼并，而这种兼并依然和区划拓展一样有两种方式，并且随着工业卫星城镇的发展，先是蚕食型近域拓展，再是整建制广域划入。最为典型的例子是上海市吴淞区和闵行区的恢复设立及空间拓展。

改革开放初期为促进郊区工业发展，上海就曾于1960年设立狭域型的工业卫星城，即从上海县析出闵行、吴泾地区，设置闵行区以发展电机、机

① 戴维·鲁斯克.没有郊区的城市[M].王英，郑德高，译.上海：上海人民出版社，2011.

② 熊竞，孙斌栋.超大城市政区治理：演进逻辑、制度困境与优化路径[J].上海行政学院学报，2020,21(5)：51-62.

械、汽轮等制造业和化工工业。由“四大金刚”①组成的闵行地区甚至被称为“新中国第一个卫星城”，“是世界建设速度最快的城区，仅用78天建成的一条街则是当年最宽敞的林荫大道”。同年，上海市也从宝山县析出吴淞区，以发展钢铁工业。尽管在三年困难时期的特殊阶段，工业卫星城发展受到严重影响，并于1964年5月，经国务院批准，上海市撤销了吴淞、闵行区，其行政区域分别并入杨浦区和徐汇区，但是在改革开放以后随着工作重心转移到经济建设，上海的工业卫星城镇再次进入发展快车道。首先是1980年10月，上海市恢复了吴淞区建制，将宝钢地区办事处行政区域和宝山县部分行政区域作为行政区域；1981年2月，上海市恢复闵行区建制，将闵行、吴泾地区以及原上海县的15个大队作为行政区域。随着工业卫星城镇的发展，其空间拓展的需求也不断增加，包括1984年9月上海市将石洞口发电厂厂区（东至长江江堤、南界吴淞、西至老蕰川路、北至长江内堤）划入吴淞区。

1988年上海市则又通过整建制兼并的方式进一步拓展工业卫星城的空间，即1988年12月，吴淞区和宝山县合并，成立宝山区，这一合并也体现在闵行区和上海县合并成立新的闵行区。

（二）新城政区的跨界创新：政区治理化与治理政区化

从第二种机制来看，新城也可通过政区跨界治理（功能区）来拓展腹地，即在不打破行政区划隶属关系和界限调整的情况下，破除阻碍各要素跨政区流动的制度障碍，以实现新城的腹地扩展而推动新城的不断发展。例如，作为上海曾经“一城九镇”中唯一新城的松江新城在其城市框架和能级形成后，以G60交通廊道为依托，不断向浙江、江苏和安徽拓展，形成了目前辐射江浙皖9个城市的长三角G60科创走廊3.0版本。此外，上海与浙江舟山的洋山深水港的跨界合作开发②是一个重要的实践；位于苏浙沪两省一市交界处的长三角生态绿色一体化发展示范区也在不断探索不打破行政区划的跨界联动制度创新。

---

① “四大金刚”指二十世纪五六十年代，位于上海闵行的四家重型机械制造企业，分别是上海汽轮机厂、上海电机厂、上海锅炉厂和上海重型机器厂。

② 蒋俊杰. 跨界治理视角下社会冲突的形成机理与对策研究[J]. 政治学研究，2015(3)：80－90.

这些探索创新是通过行政区划制度的静态治理效能——既能刚性明确权责利并形成发展激励，又能规避行政区划调整的动态治理刚性化带来的弊端——来拓展新城的腹地，即通过政区治理化和治理政区化的制度改造，实现了行政区划制度的趋利避害、扬长避短。

（三）新城政区的城郊互换：郊区中心化与中心郊区化

一般而言，尽管新城在快速发展后需要寻求自身的腹地。与此同时，母城也将在城市更新中转型升级，而市域行政建制的行政中心仍然位于母城，因此，母城在多中心结构中仍然处于主导地位，这也表明新城行政建制作为市域行政建制的组成部分，自然在行政层级上低于市域行政建制（位于母城）。但从长周期来看，也有一种可能，即新城发展超出预期，而母城由于更新不及时出现了衰落，新城的发展地位超过了母城，如果从城郊关系而言，意味着城郊空间地位的置换。例如，美国的城市绅士化运动即在内城衰败后复兴的一种城市发展现象，因为西方郊区新城的发展独立性较强，边缘城市往往在飞速发展后成为中心城市。周一星等①在论述西方城市郊区化时，就曾提到一个案例：位于芝加哥都市区库克（Cook）郊区西北部的沙姆贝格（Schaumberg）镇具有购物、娱乐、居住和其他服务的功能，拥有 1.08 万家公司（其中白领公司近 6 700 家）和近 1 000 家公司总部，二者综合居美国第三位，该镇声称拥有自己的郊区，而闭口不言是芝加哥的郊区。从中国长三角的案例来看，曾经依托京杭大运河发展起来的扬州是中心城市，而苏州则被称为“小扬州”，而当时的上海则是苏州的腹地（上海苏州河的由来即外来客商从上海码头上岸后可通过苏州河转往更高等级的城市苏州）。而近现代以来，上海—苏州—扬州的城市能级发生了结构性的转换。伴随区域中心性的转换，新城与母城的行政层级也可能发生变化，新城行政建制升格，而母城行政层级位于新城之下。

本节的研究表明：超大特大城市新城作为依托母城建设的、政府主动推动的城市，决定了行政区划这一空间治理工具必然可以在其城市化进程中发挥促进功能。而这一促进功能的作用机制，则由市域尺度作用机制、城

① 周一星，孟延春. 北京的郊区化及其对策[M]. 北京：科学出版社，2000.

域尺度作用机制和区域尺度作用机制三个相对独立又互嵌传动的机制体系构成。这三个尺度构建作用机制的体系越是协同，就越能发挥政区治理的政策工具效能。

对于超大特大城市而言，中心城区强大的城市能级和资源密度，更是决定了新城对母城空间辐射扩散的依赖。因此，超大特大城市新城的建设，首先遭遇的挑战就是如何处理好市域尺度上母城与新城之间的空间关系，而包括“县改区”等在内的市域尺度政区治理为新城处理“市—区”关系提供了政策路径。随着新城城镇化进程的发展和开发成熟，将需应对城域层面的城乡关系统筹、产城关系融合等空间挑战，而基层政区的建制转换、幅员缩减、合并析出等为新城在快速城镇化进程中处理好城乡、产城、新城与所在辖区关系等提供了政策路径。当成功开发的新城从卫星城或郊区新城的定位向独立节点型城市转换，它也面临需要自己的“卫星城”或者说发展腹地，而这将引起新城对跨市域范围、面向更广阔区域(大都市区、城市群等)的空间协同需求，而新城成熟后通过政区兼并、跨政区联动拓展腹地等政区治理方式，可以为这种空间协同需求提供制度供给。

新城开发建设的时间逻辑决定了空间逻辑上需要三个尺度的协同，即早期的借力母城需要市域尺度的政区治理，中期的城乡关系转型需要城域尺度的政区治理，后期从集聚到辐射转化需要区域尺度的政区治理。因此，从多尺度协同治理的视角出发，构建系统性、前瞻性、传动性的分析框架和治理路径，可以更好地解释政区治理的有效性以及指导实践的可行性。即以中观尺度“市域”的中心城区与新城空间关系调节为核心，进而及时在微观尺度“城域”做好城乡、产城等空间关系的调节，并储备好在宏观尺度“区域”上做好新城拓展腹地的空间关系调节，是更好发挥政区制度在新城建设中治理效能的有效路径。

当然，新城本身所具有的投入周期长、成本高、风险大等特点，这决定了政区治理仍然难以一步到位，且存在利弊兼有的制度效果。在我国城市呈现区域化发展趋势以及以“内循环”为主导的“双循环”新发展格局下，新城建设面临更加错综复杂的空间关系，这也导致了政区治理的复杂性，即政区治理本身也需要通过制度创新和精细操作来应对复杂性。

在单一尺度方面，本书以“市域”尺度为例，在中央直辖市目前“直辖市下不辖市、市辖区下不辖区”的政区制度下，对于跳开母城距离较远的、开发成功的、规模较大的、相对独立的新城新区而言，其持续转型升级可能遭遇发展和治理权限的约束。其中有来自政区制度的约束，即现有政区制度不仅无法助力还可能形成障碍，这也是每当超大特大城市讨论郊区以及新城新区发展时多次提到“二级市”制度创新的缘由。此外，在制度操作上，县市改区调整的标准还需要刚性规范与因地制宜的统一，调整过程还需要更综合、更长远的风险评估以及预防措施等。

在三尺度协同方面，城域尺度上考虑乡镇改街道是可以助力新城加速城镇化的。然而，由于新城在靠近中心城区方向上的乡镇改街道则可能加速新城边缘与中心城区的“粘连”，从而引发“市域”尺度上的助长中心城区“摊大饼”进而加剧“城市病”问题。例如，上海在嘉定新城所在的嘉定区与普陀区交界附近设立真新街道，就一定程度上使得中心城区继续突破空间规模极限向外蔓延，而不是跳开到嘉定新城继续推进市域城镇化。

第四节 精细化管理文化与政区治理

中国式现代化提出的第三个特征是“物质文明和精神文明相协调的现代化”，在超大特大城市治理中则体现为城市文化的传承和城市软实力的彰显。

像绣花一样精细是上海多年发展形成的城市治理文化。社区分类是近年来基层政区建制类型短缺下磨出的一根“绣花针”。上海市于 2019 年提出城乡社区治理分类指导的工作意见，旨在全市范围内对居民区进行分类治理。这一工作在取得初步进展的同时，也面临诸多挑战，需要从技术性优化和制度性调整两个维度进行完善，以更好地推进上海社区分类治理，实现基层精细化管理。

一、超大特大城市社区分类治理的重要性

精细化管理是超大特大城市治理体系和治理能力现代化的必然要求，

而社区分类则是超大特大城市治理重心下移和基层精细化的重要路径。政区建制作为行政区划的核心要素，也是政区作为空间治理工具集的核心政策工具①，其制度功能在于通过建立一套适应特定治理空间的建制架构，实现对不同空间结构的区域进行分类识别和分类管理。例如，从全国空间层面来看，我国政区建制划分为以常规城乡地域为治理空间的“省”，以少数民族聚居地为治理空间的“自治区”，以首都和重要超大特大城市为治理空间的“直辖市”，以及以体现“一国两制”特殊区域为治理空间的“特别行政区”。而从基层政区而言，则是以城乡地域空间类型为标准划分为城市化程度较高的“街道”、城镇化空间为主的“镇”、农村空间为主的“乡”以及具有准政区特点的基层群众性自治组织“居民委员会”（以城市居民为主的居民区为治理空间）和“村民委员会”（以村民为主的生产生活生态区域为治理空间）。街镇乡—村居的建制类型之间设置了相应的变更和转换标准，即达到一定的人口、土地面积、基础设施等标准进行乡改镇、镇改街道或撤村建居。

上海历经百余年城市发展过程，在有限空间上集聚了高密度、多来源的人口，形成了复杂多样的丰富社区类型，这也是上海形成城市精细化治理文化的重要因素之一。所谓“螺蛳壳里做道场”等形象比喻即是精细化治理的一个生动体现。特别是 20 世纪 90 年代浦东开发开放大潮让上海城镇化进程进入加速期，而随着货币化分房改革和房地产市场快速发展，不同的住房类型也让上海的社区加速了空间分异和类型分化，从传统城市单位制小区、郊区集镇小区、农村宅基地住区逐渐演化出普通商品房小区、高档商品房小区、涉外小区、老旧公房（售后公房）小区、动迁房小区、大型居住区、农民集中安置居住小区等丰富多样的居住空间。显然，现有法定的基层城乡建制类型，即街道办事处、建制镇、建制乡以及居民委员会、村民委员会已无法指证丰富多样的基层空间地域类型，也就难以有效指导不同社区空间的治理。

尽管在管理实践中，上海基层也有零星的、局部的、粗放的、自发的、被

① 熊竞. 政区三要素框架下的中国当代市制：演进逻辑与优化路径[J]. 学术月刊，2020，52(7)：81－92.

动的一些社区分类治理思维和方法，包括对大街、大镇、大居等规模不同以及国际社区、城中村、园中居等类型不一的基层空间进行差异化治理，但全覆盖、系统化、精细化、主动性、创新性的社区分类治理并未展开，这既使得政府基层治理精细化的要求难以落地，也使得居民对美好生活向往中的精准化、个性化的需求难以得到满足。

特别是在深入贯彻习近平总书记“城市管理应该像绣花一样精细”的指示精神中，粗放式甚至“一刀切”的社区管理和服务方式显然难以适应，而随着城市管理重心下移改革的推进，以及重大突发公共卫生事件应对下社区管理精细化等要求，如何将有限的治理资源精准高效配置到不同社区，让有限的资源发挥最大的治理效能，提升社区治理的精细化水平成为亟须应对的问题。尤其是在遭遇应急管理时，如何及时对基层空间进行分类分等分级管理，更是可能因缺乏类型划分而难以实现危机的精准高效处置。

从文献梳理来看，关于城市社区分类的研究可回溯到芝加哥社会学派的城市研究，罗伯特·帕克[①]与伯吉斯、麦肯齐、霍伊特、哈里斯、厄尔曼等学者从人类生态学视角将城市空间划分为不同类型，例如伯吉斯环、霍伊特扇形模式，哈里斯和厄尔曼的多中心模式，麦肯齐的二元经济城市土地利用模式等[②]。改革开放以来，我国关于城市社区分异分化的研究逐渐兴起[③]。近年来，随着超特大城市精细化管理的推进，关于社区分类治理的研究也逐渐兴起。李红娟、胡杰成以城市化进程和人群特征两要素为社区分类标准，剖析了中国农村社区、城中村社区、商品房社区、老旧社区、产业型社区、外国人集中社区六类典型社区的问题和优化对策[④]。冯猛则以“分类—匹配”为框架，以“社会交往度”和“资源活跃度”两个维度为标准对特大城市的社

① 罗伯特·E. 帕克. 城市：有关城市环境中人类行为研究的建议[M]. 杭苏红，译. 北京：商务印书馆，2016.

② 许学强，周一星，宁越敏. 城市地理学[M]. 北京：高等教育出版社，1997.

③ 孙斌栋，吴雅菲. 中国城市居住空间分异研究的进展与展望[J]. 城市规划，2009，33(6)：73－80.

④ 李红娟，胡杰成. 中国社区分类治理问题研究[J]. 宏观经济研究，2019(11)：143－157.

区进行了分类并探讨了治理路径等①。陈晓春、肖雪从目标、依据、表现形式等三个方面对社区分类治理的意涵和内容体系进行阐述②。郭彩琴、卢佳月介绍了美国城市社会学家沃伦夫妇（Rachelle Warren 和 Donald Warren）的“三—六”社区分类理论，并对苏州工业园区社区分类进行了实证分析③。然而，这些研究一方面缺乏从基层政区建制角度的探讨，另一方面对超大特大城市社区分类治理工作的内在困境和优化路径还未系统展开探讨。

针对以上实践问题与理论研究不足，2019 年上海市民政局出台《上海市民政局关于推进城乡社区治理突出问题分类指导工作的通知》（沪民基发〔2019〕7 号），提出“坚持统筹兼顾、分层分类，推进社区分类治理工作”，目标是“为民服务有依据”“基层治理有方法”“资源配置有导向”。本节旨在总结上海既有经验基础上，梳理上海社区分类治理的难题。

二、上海社区分类治理探索的现状与成效

上海自 2019 年探索精细化管理要求下的社区分类治理工作以来，取得了一定的进展。

《上海市民政局关于推进城乡社区治理突出问题分类指导工作的通知》中指出，“区分中心城区、城乡接合部地区、农村地区三类区域”，即根据城市化程度区分三大板块，进而“以居住小区房屋类型为主要参数，适度考虑人群结构特征，分类归纳本区域典型特征的社区类型”，并将社区分为七类，包括以老公房（售后房）为主的居民区、以商品房为主的居民区、混合型居民区、涉外居民区、农村集中安置居住区、大型居住区。随后，各区、各街镇纷纷根据自身社区特点开展了细化的分类工作。其中，浦东新区启动时间较早且取得了阶段性成果。

---

① 冯猛.特大城市社区分类治理：理论框架与实践应用[J].福建论坛（人文社会科学版），2020(11)：171-180.

② 陈晓春，肖雪.共建共治共享视角下我国社区分类治理研究[J].湖南大学学报（社会科学版），2021,35(4)：49-54.

③ 郭彩琴，卢佳月.沃伦夫妇“三—六”社区分类理论对我国城市社区治理的启示：基于苏州工业园区社区分类治理的实践[J].山西农业大学学报（社会科学版），2017,16(6)：1-5,11.

浦东新区于2019年启动城乡社区分类治理工作，由区民政局牵头，出版了《浦东新区社区分类治理指导手册》，分为"一特征三清单"（上册）和"优秀案例和典型工作法"（下册），通过撰写、出版刊物，对浦东新区2 280个小区、1 347个村居进行了分类。在全区中心城区、城乡接合部地区、农村地区三类区域的基础上，将各类社区以居住房屋类型为主，适度考虑人群结构特征，进一步划分为11种社区类型（城市区域8类，农村区域3类）和8种小区类型。"一特征三清单"是指问题和需求清单、资料清单和治理对策清单。

静安区研发了"社区分析工具"，通过资料搜集、数据统计、分类归纳、方案实施、效果评价这五个步骤贯穿社区了解、回应、评价的全过程，不仅画出社区肖像，把脉社区问题，更是将关注点从个体需求转向公共议题，从解决个体需求转向寻找最优方式满足群体需求，从而提升社区治理的效能。黄浦区、徐汇区也通过联合探讨等方式交流社区分类工作经验。长宁区在2020年也出台了《长宁区社区分类治理居民规约》等文件。嘉定区则在社区营造建设中探索分类治理的方法。

通过社区分类治理相关工作的开展，一方面进一步摸清社区的底数，可以更为精准地掌握浦东社区治理中的需求、资源和对策；另一方面，也在社区分类治理中凝聚了社区共识，提升了社区认同感，培养了社区干部分类管理意识，也挖掘了一批社区治理的典型案例和社区达人能人。

三、上海社区分类治理工作面临的挑战与反思

尽管上海各区在社区分类治理上已取得阶段性成效，然而从其持续支撑基层精细化管理而言，还存在至少六个方面的挑战。换言之，目前的工作还需要进一步从六个方面进行反思。

（一）以房为主，见物不见人，偏离社区的本质

上海市各区现有的在社区分类中使用的原则更多的是考虑以房屋建筑特点作为分类的依据，同一类型的社区也可能因为老龄化、城市区位、开发时间等不同而呈现差异；与此同时，有些社区虽然房屋类型不同，但人群结构、治理需求、治理资源上相似。

从社区的本质而言，是以邻里为单元的生活共同体，人与人之间的关

系，人与社区之间的关系，社区与社会之间的关系，是反映一个社区更为本质的特点的划分标准。虽然住房类型通过收入、阶层等来反映人与人、人与社区之间的关系，但它还不是最主要、最根本的社区特点。有的社区可能硬件很差，但邻里和睦、出入相护，大家对社区的归属感、认同感很强，社区也具有一种开放包容的氛围，也能让居民有更多的幸福感、安全感，政府在社区治理上也很省心。

从“以人为本”和回归社区本质角度的分类而言，美国城市社会学家沃伦夫妇曾提出“三—六”社区分类理论，即从互动性、认同感、连接性三个维度，根据量化研究，将社区分成整合型社区、教区型社区、散漫型社区、躁动型社区、暂时型社区和紊乱型社区六种类型，进而提出相应治理的理论。

表 2－10 “三—六”理论社区分类表

类　型	维　　度		
	互动性	认同感	连接性
整合型社区	高	高	高
教区型社区	高	高	低
散漫型社区	低	高	低
躁动型社区	高	低	高
暂时型社区	高	低	低

资料来源：郭彩琴，卢佳月．沃伦夫妇“三—六”社区分类理论对我国城市社区治理的启示：基于苏州工业园区社区分类治理的实践[J]．山西农业大学学报(社会科学版)，2017，16(6)：1－5，11.

(二) 为分而分，分而不用，陷入形式主义泥潭

在调研中，笔者了解到有些地方还存在“为分类而分类”甚至过度分类的情况，例如在小区分类的基础上，对楼栋进行分类。随着城市化进程的深入，社会个体的差异性不断丰富和凸显，从理论上而言，最为彻底的社区分类甚至可以分到具体的个人，而这样的分类是否有必要，先不论这样过度分类后的意义是否存在，单是分类工作本身产生的成本也是巨大的。

分类思维是人类行为中的常规思维，是人之常情。每一个治理者甚至居

民都会自觉或不自觉地对自己关心的事务进行分类处理，分类的目的是在比较中找出共性规律。科学研究的目的之一就是在纷繁复杂的事务中抽象出更一般的规律，即一种“放之四海而皆准”的规则，是从多到一的过程。而分类是通过掌握规律后根据具体情况，因地制宜地从一到多的过程，从普遍原理出发与具体实践结合，做出相应的判断。而目前的社区分类治理并不是这一逻辑，通过对多种类型社区的分析，并未去思考“社区本源”，只是常规性的分类。因此，这一分类的实践效果可能并不尽如人意，甚至增加了治理成本。

实地调研显示，部分居委会负责人对政府发布的社区分类治理手册并不知晓，甚至很多街镇干部也不甚了解。对于社区的分类，不管手册上的规定多么科学，但也是非常有限的，与实际情况有很大的差距。实际上，社区之间真正的差异是非常细微的。居委会书记或主任以及社区工作者凭借个人的经验，就能做出准确的判断和分析，而不必非得需要一个定义好的标准类型，正如乡、镇、街道的区分逐渐在模糊一样。

(三) 基层报送，标准把握难，分类结果应用差

目前有些区在社区分类工作路径上，是在对街镇进行培训的基础上，由其自行对辖区社区进行分类后报送区级部门，区级部门汇总统计核实后形成全区社区和小区的分属类别。这一方式对街镇的工作要求较高，由于社区分类标准的专业性较强，稍有不慎可能造成分类的偏差。例如对兼有商品房小区和老公房小区的混合型社区，在分类上较难把握，笔者在实地调研中发现，ZP 镇 X 居民区由本地一家铅笔厂企业社区拆建而来，社区内几乎都是商品房小区，仅有小区围墙外零星几栋老公房，是一个典型的商品房小区，而在社区分类中，该社区被划为了混合型。

(四) 好上加好、马太效应，不利实现共同富裕

目前的社区分类治理方式是否与共同富裕的目标有所冲突，区分不同类型会不会让好的社区更好。目前的社区分类治理方式可能与基本公共服务均等化均衡性、共同富裕等目标有所冲突。因为以住房的类型作为分类标准，或者有些街镇以好、中、次作为分类标准，显然可能在类型之别中分出好坏之差，而以这样的社区分类结果作为治理的依据，往往会导致好的社区配置更多好的资源。例如，我们调研中了解到有的社区因为属于高档商品

房小区，因此，常常作为智慧社区、完整社区等试点示范社区建设的对象，在试点中也就导入了更多最新最好的资源，包括在社区党支部书记上也是选优配强。如此这般，显然不利于基本公共服务的均等化和共同富裕等目标的实现。此外，社区分类中更有价值的研究可能还需要去分析为什么社区会这样分化，其空间分化的原因、趋势是什么，因为现在的类型只是暂时的，随着旧区改造、城市更新或者周边有大项目、大工程建设，这种类型划分也将不断地进行动态调整。

（五）静态管理、缺乏调整，难以掌握社区动态

目前，上海的社区分类还未制定动态分类机制，即现有社区被划分为某类社区后就固定了类型，而现实中随着城市更新或者大型项目的开发，社区类型显然会发生变化。而如何调整社区类型则还未有明确的规定。即使没有大的开发项目，从社区文化分类角度而言，随着社区治理的推进或者特定社区领袖的出现，社区类型也可能发生隐性变化，包括问题社区的转型等，在量变到质变后如何调整社区类型归属也需要做好研究。

（六）行政有效、治理无效，社区分类实质不清

从社区分类治理的现有工作而言，上海市相关部门以及各区和街镇都进行了较好的探索。然而，这种探索更多的是基于自上而下的行政分类逻辑，对于基层治理而言，如何发挥居民和社区组织在评价自身生活空间的类型方面，还有所不足。每个社区、每个楼栋、每个家庭对自身的需求类型、资源类型等最为了解，而自上而下的分类可能并不能反映他们的真实需求和潜在资源情况，居民参与和多元共治的欠缺也是导致有些街镇陷入为分类而分类，且分类结果的应用效果不佳等问题的原因。这也是学者提出城市基层治理“行政有效、治理无效”①判断，在目前社区分类治理工作中的一种具体体现。

第五节　应急管理与政区治理

超大特大城市治理的中国式现代化必然也是减少自然灾害、重大公共

① 林闽钢. 超越“行政有效，治理无效”的困境：兼论创新社会治理体系的突破点[J]. 中共浙江省委党校学报，2014，30(5)：23－28.

卫生事件等应急事件对城市冲击的现代化。从某种角度而言，这也是中国式现代化提出的第四个特征——“人与自然和谐共生的现代化”在超大特大城市应急管理上的要求。

政区治理从制度形式、政策理念以及细分要素上都与应急管理有关联，然而在研究应急管理的诸多视角中还缺乏对政区治理的系统思考。从政区治理各要素在应急管理中的行动逻辑来看，至少存在应急事务无边界与政区治理有边界的矛盾、大规模易于风险扩散与小规模治理能力弱化的矛盾、常态需要多层级与应急要求扁平化之间的矛盾、应急管理所需的精细分类与政区建制类型缺乏与转换失序之间的矛盾等内在困境。

一、超大特大城市应急管理中政区治理的重要性

现代性、城市化以及网络社会催生的风险社会，使得应急管理在国家治理体系和治理能力现代化中的重要性不断凸显。应急管理的已有研究从类型逻辑①、制度逻辑②、系统逻辑③、演变逻辑④、能力建设⑤、技术创新⑥、合法性与有效性逻辑⑦等多个视角展开。而政区治理作为我国治理体系中基础性、框架性和集合性的制度工具，与应急管理也有着诸多或直接或间接、或紧密或松散的关联。无论是应急事件的空间无边界与政区治理边界刚性

---

① 薛澜，钟开斌. 突发公共事件分类、分级与分期：应急体制的管理基础[J]. 中国行政管理，2005(2)：102-107.

② WAUGH W L. Coordination or control：organizational design and the emergency management function[M]//Coordination or control：organizational design and the emergency management function. 1991：17-17；高小平，刘一弘. 我国应急管理研究述评(上)[J]. 中国行政管理，2009(8)：29-33；高小平，刘一弘. 我国应急管理研究述评(下)[J]. 中国行政管理，2009(9)：19-22.

③ 张海波，童星. 中国应急管理结构变化及其理论概化[J]. 中国社会科学，2015(3)：58-84，206；王宏伟. 美国的应急协调：联邦体制、碎片化与整合[J]. 国家行政学院学报，2010(3)：124-128；COMFORT L K. Crisis management in hindsight：cognition，communication，coordination，and control[J]. Public administration review，2007(67)：189-197.

④ 钟开斌. 从强制到自主：中国应急协调机制的发展与演变[J]. 中国行政管理，2014(8)：115-119.

⑤ 金太军，徐婷婷. 应对突发公共事件的政府协调能力：框架、问题与思路[J]. 学习与探索，2013(5)：37-43；刘新建，陈晓君. 国内外应急管理能力评价的理论与实践综述[J]. 燕山大学学报，2009，33(3)：271-275.

⑥ 黄宏纯. 应急管理科技支撑体系研究[D]. 武汉：武汉理工大学，2013.

⑦ CHRISTENSEN T，LAEGREID P，RYKKJA L H. Organizing for crisis management：building governance capacity and legitimacy[J]. Public Administration Review，2016，76(6)：887-897.

之间的冲突，还是政区规模对应急管理防控难度和处置能力的影响，抑或是应急事件响应高速率的要求与我国政区层级过长之间的矛盾，以及城市化进程中应急事件频发与城乡建制转换不规范之间的张力，行政中心选址与应急管理的关系等，都显示出二者之间较强的制度关联。然而，针对这种制度关联的系统性和清晰性的逻辑分析在已有研究中还未显现；与此同时，在政区治理相关研究中，也缺乏对应急管理状态下行政区划设置的考量。因此，本节的研究一方面对健全国家应急管理体系、支撑应急管理理论建设具有重要意义，另一方面，也对优化行政区划设置，深化政区制度改革、丰富和创新政区地理学和空间政治学相关理论具有重要价值。

关于应急管理中的政区治理问题，从现有文献看，直接的研究还非常有限，大部分相关内容散落在间接研究中，且主要从两条理路展开，一条是在研究政区议题时，涉及应急管理问题；另一条是研究应急管理时，涉及政区问题。从第一条理路而言，包括市制的研究、基层政区调整的研究、政区边界的研究等。例如，从城市行政建制的诞生发展来看，就与城市化地域人口密集引发的公共卫生应急事件频发①，进而设立专门的城市建制管理密不可分②。再比如，有学者在基层治理研究中，对公共卫生体系受到的区划调整影响进行了分析③④。此外，刘君德等⑤在“行政区经济”理论中提出的跨行政区要素流动难等论断，对于分析应急管理中的人员物资跨区域流动等有重要启示。朱传耿等⑥认为政区边界存在“开放和封闭并存的矛盾属性”，这一判断为公共卫生应急管理中的隔离治理提供了借鉴。张小明⑦在分析建立跨界区域应急管理机构时指出打破行政区划管辖边界的重要性。

---

① 杨瑞，欧阳伟，田莉. 城市规划与公共卫生的渊源、发展与演进[J]. 上海城市规划，2018(3)：79-85.

② 戴均良. 中国市制[M]. 北京：中国地图出版社，2000.

③ 庄悦红. 行政区划调整背景下公共卫生机构整合路径研究[D]. 上海：复旦大学，2012.

④ 杨碧春，万鹏，周胜志. 乡镇行政区划调整后对农村卫生体系的影响：对苍溪县调研后的思考[J]. 中国卫生事业管理，2006(9)：551，554.

⑤ 刘君德，靳润成，周克瑜. 中国政区地理[M]. 北京：科学出版社，1999.

⑥ 朱传耿，仇方道，孟召宜，等. 省际边界区域协调发展研究[M]. 北京：科学出版社，2012.

⑦ 钟开斌. 中国应急管理机构的演进与发展：基于协调视角的观察[J]. 公共管理与政策评论，2018，7(6)：21-36.

从第二条理路，即重大公共卫生突发事件等应急管理相关研究的角度来看，涉及行政区划的研究主要集中在跨政区的应急管理协调机制①②③、应急管理体系中的各行政层级责任划分④⑤等方面。这些研究表明，应急状态下区域联动、层级统筹要求更高，但针对情况紧急的跨政区边界和政区层级的合作虽不是问题，但客观上是基于权威而非信任的合作，并不是应急管理所追求的良好合作⑥。因此，应急管理状态下的政区治理能否顺畅，与常态下的政区治理也是紧密相关的。

总体而言，现有文献对重大突发公共卫生事件防控中政区治理议题的关注还不够深入系统，现实中面临的政区治理问题亟待整体性研究。基于以上考虑，本节拟在行政区划概念、理论及要素构成分析的基础上，构建重大突发公共卫生事件应急处置中的政区治理分析框架，并以历次重大突发公共卫生事件为案例展开相应的探讨。

二、政区治理：透视应急管理的新视角

政区治理是行政区划概念的延伸。行政区划一般是指政区要素发生变动，而政区治理则是一个更有解释张力的概念，涵盖了要素静态下发挥政区功能职能、政区要素调整以及管理要素静态职能和动态变化的制度设置与改革。要分析应急管理中的政区治理问题，不能仅仅从政区调整，即政区要素变化来分析，因为政区要素变化毕竟是行政区划概念中具有“间断性”“事件性”“少量性”特点的政策形态。从更为一般性、平稳性、常态化的政策过程而言，政区要素静态运行才是日常影响行政管理工作的政区政策形态。

---

① CHRISTENSEN T, ANDREAS DANIELSEN O L E, LAEGREID P, et al. Comparing coordination structures for crisis management in six countries[J]. Public Administration, 2016, 94(2): 316 - 332.

② 吕志奎. 构建适应国家治理现代化的应急管理新体制[J]. 人民论坛 · 学术前沿，2019(5): 16 - 21.

③ 吕天宇，李晚莲，卢珊. 突发公共卫生事件横向府际合作机制现状分析[J]. 中国公共卫生管理，2018，34(4): 436 - 439.

④ WAUGH JR W L, STREIB G. Collaboration and leadership for effective emergency management[J]. Public Administration Review, 2006(66): 131 - 140.

⑤ 谭君久，翟桔红. SARS 背景下中国政治体制的调适及其思考[J]. 武汉大学学报(社会科学版)，2003(4): 400 - 401.

⑥ 张海波，童星. 中国应急管理结构变化及其理论概化[J]. 中国社会科学，2015(3): 58 - 84，206.

作为管理以上两类政策的政区制度及其改革，则是更为宏观和基础性的治理方式。总之，政区治理是系统涵盖政区要素到政区调整，再到政区制度的层层递进的分析框架，较之狭义的行政区划调整，它可以更好地研究应急管理问题。需要指出的是，政区治理本身常常也具备应急管理的特点，特别是政区调整中的冲突、政区边界的冲突、政区制度的改革。

从行政区划的概念定义出发，政区要素一般包括了政区区域、政区规模、政区层级、政区名称、政区中心、政区边界及其形态等①。这些要素在日常状态下发挥其应有的职能，例如，政区区域从空间上规定了地方政府的治理空间边界、政区层级发挥其上传下达的功能等。当这些要素在功能运行中产生了问题和压力，则将按照一定的规则（政区调整的规则，即政区制度）进入调整状态并促进政区要素的变化，待调整结束形成新的政区格局后，政区要素则按照新的政区格局发挥其静态职能，例如通过乡镇撤并解决规模效应和精兵简政的问题，通过政区升格解决管理权限与发展能级匹配的问题，通过政区中心迁移解决政务服务空间协调的问题等。当在一定规则下政区要素无论如何调整，都难以满足经济社会发展变化或国家治理需要的时候，即当政区制度本身难以支撑和解决政区要素静态职能以及调整目标的时候，则需要对政区调整规则进行变革，即推进政区制度的改革。例如，设市制度（涉及建制调整）中的标准调整，政区边界冲突（涉及边界调整）以立法方式解决，“市管县”“省直管县”（涉及层级调整）的制度改革、行政区划审批权（涉及多个要素）的改革等。

总之，政区治理概念及其分析框架，是一个涵盖从政区要素职能到政区区划调整，再到政区制度改革的层层递进、三位一体的政策框架体系。本节将依托这一政策框架体系，首先从总体上分析政区治理与应急管理的制度逻辑关联，并指出哪些重点政区要素与应急管理更为关联；其次结合这些政区要素的静态职能、调整方式以及调整规则与应急管理的关联，展开更为细致的机制与困境剖析；最后对未来应急管理中政区治理逻辑的优化方向做了简要探讨。

---

① 刘君德，靳润成，周克瑜. 中国政区地理[M]. 北京：科学出版社，1999.

应急管理与政区治理的整体性制度关联至少有以下三点。

一是政区治理政策工具特点的基础性、框架性、体系性决定了政区必然影响应急管理的制度效能。政区治理是一个基础性和框架性制度，它是诸多制度的基础，例如财税管理制度、户籍管理制度、土地利用制度、社区治理制度等都需要依托于政区，并在城乡政区建制等方面有差异。就应急管理而言，也必然与应急管理的政府主体、应急管理物资的储备与调配等都有关联。例如，从历次重大公共卫生突发事件的实践和讨论来看，涉及政区治理的内容也较多。

二是政区治理强调的分区、分类、分级治理理念与应急管理中的分级、分类管控具有逻辑相似性。行政区划作为国家空间治理的重要制度工具，其核心逻辑在于通过对国土空间的“分区”[①]“分类”[②]“分级”[③]来有效推进国家治理。而应急管理也强调分类、分级与分期的体制[④]。这一体制特点从内在逻辑上与行政区划制度有着相似性。

三是政区治理作为一个多要素组合的制度系统，其相关要素与应急管理之间都有或强或弱的关联。例如，政区要素中的市制就与应急管理紧密相关，从某种意义而言，近代市制的诞生，即城市型政区的出现也是应急管理催生的产物。英国作为世界上第一个工业化国家，也是城市化最早的国家，18世纪中叶英国的城市人口超过乡村人口[⑤]，而就在英国高速城市化的阶段，由于人口大量集聚，公共健康问题逐渐凸显，特别是各类传染病在城市地区迅速扩散，造成了居民的大量死亡和社会恐慌。特别是1831—1832年在英国暴发的霍乱引发了一系列官方和私人的卫生调查，其中最著名的是查德威克(Edwin Chadwick)在1842年发表的《大不列颠劳动人口卫生状况报告》(Report on the Sanitary Condition of the Laboring Population of

---

① “分区”：根据自然环境、区位条件、人文基础等划分规模、形态不一的行政区域。

② “分类”：对每个行政区域根据其治理特点分为地域型政区、城市型政区、民族型政区、特殊型政区等不同的建制类型，并赋予不同的政区通名。

③ “分级”：根据政区的重要性等因素将政区划分为不同的行政等级，并确定相应的等级体系和隶属关系。

④ 薛澜，钟开斌．突发公共事件分类、分级与分期：应急体制的管理基础[J]．中国行政管理，2005(2)：102－107．

⑤ 戴均良．中国市制[M]．北京：中国地图出版社，2000．

Great Britain)。他将公共健康问题“更多地归因于环境问题而非医学问题”①。1848年，由他主持制定的《公共卫生法》(The Public Health Act)在英国国会得以通过，成为人类历史上第一部综合性的公共卫生法案。这一方案的实施，让针对人口过度集聚之地——城市的公共卫生等设施迅速得以建设②。正是由于“工业革命改变了城市的经济性质和社会性质，城市需要有别于乡村的行政管理”，英国于1835年颁布《市自治法》，由此预示着在地方行政区划系列中开创了现代市制③。

从政区要素的静态职能、调整方式、制度改革等方面分析政区治理在我国应急管理中的行动逻辑是透视应急管理的最重要内容。从政区各要素与重大公共卫生突发事件防控相关性的角度而言，笔者拟从政区要素中的基础性要素，即政区的空间边界及其围合形成的行政单元的人口规模为核心，兼顾政区建制、层级、名称、中心等要素④，从要素治理的视角来分析与应急管理的制度关联及影响机制。这也构成了分析我国应急管理中政区治理逻辑的主体及展开框架。

三、应急管理中的政区要素治理机制及其双重困境

应急管理涉及政区治理中的边界、规模、层级、建制四个要素。这四个要素的治理机制分别面临不同的制度困境，包括应急事务无边界与政区治理有边界的矛盾，大规模易于突发事件扩散与小规模治理能力弱化的矛盾，常态需要多层级与应急要求扁平化之间的矛盾，应急所需精细分类与类型缺乏和转换失序之间的矛盾等内在困境。在四个政区要素双重困境分析中，本书也初步探讨了完善应急管理体系和优化行政区划设置的改革路径。

---

① FEE E, BROWN T M. The public health act of 1848[J]. Bulletin of the World Health Organization, 2005, 83(11): 866-867.

② 杨瑞，欧阳伟，田莉. 城市规划与公共卫生的渊源、发展与演进[J]. 上海城市规划，2018(3): 79-85.

③ 戴均良. 中国市制[M]. 北京：中国地图出版社，2000.

④ 熊竞. 政区三要素框架下的中国当代市制：演进逻辑与优化路径[J]. 学术月刊，2020,52(7): 81-92.

(一) 政区边界治理机制：应急事务无边界与防控主体有边界的矛盾

政区边界是政区确定地方政权行使职能的空间范围，《中华人民共和国地方各级人民代表大会和地方各级人民政府组织法》(以下简称地方组织法)、《中华人民共和国城乡规划法》等法律都通过"在本行政区域内"或"讨论、决定本行政区域内"，或"负责本行政区域内的"等表述来规定地方人民代表大会、地方政府或地方职能部门履行职责和进行管理的事项[①]。可见，对于地方政府治理而言，在负责公共事务上，有明显的区域性，即政区边界规定的四至范围是其行使职能的空间范畴。与此相对应的是，公共事务和应急事务的治理，包括大气、水环境、传染病、犯罪行为等的治理是没有边界的，特别是随着我国城市化加速发展，要素的流动性、开放性、嬗变性更加剧烈，使得公共事务跨界性、区域性甚至全球性特征更加显著。然而，我们的治理主体则是有相应边界的，这也给公共事务治理带来了严峻的挑战。而类似重大突发公共卫生事件，由于其来势凶猛、猝不及防，更是加剧了这种治理事务无边界与治理主体有边界的内在结构性矛盾[②]。这一问题背后的深刻逻辑，在于我国府际关系的再调整。改革开放以来，为了激发地方的积极性，在中央与地方关系的调整上，尽管存在"放乱收死"的循环，但总体而言，采取的是放权让利、激励竞争的政策路径，这也使得地方发展积极性大为高涨，并成为造就中国改革开放发展奇迹的重要原因。

然而，这一放权主要体现在体制内，在市场和社会未能同步推进放权的情况下，地方政府在凭借"行政区经济"，即"权力＋空间"的操作手法，加速地方经济社会发展的同时，也带来了对要素市场流动的政区性限制，从"抢

---

① 例如，《中华人民共和国地方各级人民代表大会和地方各级人民政府组织法》就规定县级以上的地方各级人民代表大会"在本行政区域内，保证宪法、法律、行政法规和上级人民代表大会及其常务委员会决议的遵守和执行，保证国家计划和国家预算的执行""审查和批准本行政区域内的国民经济和社会发展计划、预算以及它们执行情况的报告""讨论、决定本行政区域内的政治、经济、教育、科学、文化、卫生、环境和资源保护、民政、民族等工作的重大事项"等；《中华人民共和国城乡规划法》第十一条规定"县级以上地方人民政府城乡规划主管部门负责本行政区域内的城乡规划管理工作"等。

② 陈高宏．浦东开发进程中的地方公共行政变革[J]．上海交通大学学报(哲学社会科学版)，2020，28(3)：12－16．

羊毛大战”到重复建设、恶性竞争，包括前述重大突发公共卫生事件防控中的物资截留、边界冲突等。但是，从客观上而言，在社会主义市场经济不断完善和城镇化水平快速提高的背景下，跨政区边界的治理需求越来越突出。例如，随着我国城市化水平进入60%的新阶段，空间流动的面域、速率、动力都展现出更为复杂的特征，这也是国外在城市化率超过50%后频繁进行区划调整的重要原因①。而我国目前推进的城市群发展和治理就反映了这一客观趋势，特别是京津冀、粤港澳、长三角等一系列国家战略，对跨政区治理提出了进一步的挑战。当然，通过传统行政区划调整以及优化制度后的政区调整来破解跨政区治理难题，也是一个必要选项。从长远而言，区划调整是一个治标不治本、制度成本较高的政策路径，尽管仍有一定的制度效用，但不宜过多使用，即使确需使用，也应充分考虑因地制宜、分步谋划，有标准可依、有法规必守，强化专家论证、有序有效推进公众参与等。另外一个政策工具就是目前大量推行的领导小组以及“功能长制”，诸如河长制、路长制、街长制，甚至产业链链长制，旨在超越“市长”“区长”“镇长”等“块长”的政区治理逻辑，对职能部门和次级区域在特定空间进行统一领导、指挥和管理，配置专门的“功能长官”进行跨域、跨界整合。不过，这一做法本质上仍属科层制的范畴，需要防止只为应付上级要求或“表明重视态度”而沦为形式化机制。从治本之策而言，加快政府职能转变，切实发挥市场在资源配置中的决定性作用，以及推进共建共治共享的社会治理共同体才是最终破解跨政区治理难题的正确路径。

总之，对于大国治理而言，如何协调好必要的分区治理和针对广域型甚至无边界公共事务的治理，特别是城市治理中的公共事务和公共服务②，是政区边界治理的内在困境。要想解决属地管理与应急跨界合作的有机结合问题：一方面需要建立健全跨政区的行政协议制度，通过制定跨界合作中的行政协议导则指南，丰富行政协议纠纷中的救济机制，完善行政仲裁等方式，促进行政协议的落地；另一方面，充分借助信息化技术，打破政区边界的

---

① 刘君德，靳润成，周克瑜. 中国政区地理[M]. 北京：科学出版社，1999.
② 任维德. 解构与创新：行政区划改革视阈下的城市治理研究[J]. 内蒙古社会科学(汉文版)，2018，39(6)：24-29，2.

制度阻隔，实现应急指挥和联动的“一屏观”和“一网通”，并在数据、系统和平台互联互通的基础上，开发各类涉及边界冲突的高风险场景的智能化预警、预防以及指挥、处置、反馈的应用模块，并由线上整合倒逼线下建立跨界应急联勤联动机制。

(二) 政区规模治理悖论：大规模易于突发事件扩散与小规模防控能力较弱的矛盾

“规模是构成政区的最基本要素。人口多少和面积大小是各国划定政区规模的主要标志。”①如果说政区边界构成了政区的空间范畴，则其围合所形成的地域面积大小与居民多寡就是政区规模的表征，并且从政区治理的核心职能“划区”而言，人口规模也是影响划区的重要因素，正如《礼记·王制》记载：“凡居民，量地以制邑，度地以居民。”《汉书·百官公卿表》记载：“县大率方百里，其民稠则减，稀则旷。”这些划分县建制的原则都充分考虑了居民多寡这一因素。即一般以百里见方的面积作为县的幅员的基数，再以居民的数量做调节。人口稠密的地方，县的面积划得小些；人口稀少的地方，县的面积划得大些②。政区规模综合了面积和人口，一般而言，规模过大则管理事务过多，管理难度增加；规模过小则管理成本较高，管理能力较低。因此，确定政区的适度规模非常重要。

如果政区规模出现不适应，或区域的跨界或一体化治理体制机制不健全，则将出现上述政区边界的“阻隔”负效应，进而导致空间治理中的“人为”难题乃至冲突。因此，如果区域一体化治理还难以到位，则需要通过政区边界的重组以扩大或缩小规模，进而再次形成政区的适度规模，缓解跨界治理难题或冲突，并实现阶段性的要素顺畅流动、社会治理统一、公共服务均等和行政管理有效的目标。在目前我国还未建立健全区域一体化体制机制的背景下，提前科学预判政区适度规模，是避免政区边界冲突、提高政区治理效率的有效路径。从中国治理而言，一个政区的土地指标、财税分成、公共服务投入、行政管理权限甚至官员级别等，都是跟政区人口规模“挂钩”的。因此，如果政区的人口规模太大或太小，都将严重影响政区的治理。更为严

① 刘君德，靳润成，周克瑜. 中国政区地理[M]. 北京：科学出版社，1999.
② 周振鹤. 体国经野之道：中国行政区划沿革[M]. 上海：上海书店出版社，2009.

重的是，目前我国城市政区治理中，不少“财物权”等资源配置还只与“城市户籍人口规模”相关，这更加剧了规模问题对城市政区治理的影响。例如，为片面扩大城镇规模而采取的县改区（实质是扩大了城区的规模）、市辖区撤并、乡镇撤并等，就造成了不少政区治理难题。

当然，随着我国要素市场化配置机制和区域治理体制的逐渐完善，政区边界作为一堵“看不见的墙”将逐渐“拆散”甚至“倒塌”，并回归其应有的职能。在这种状态下，政区规模问题也将逐渐消散，甚至不复存在，但在制度转型期，只要地方政府职能转变尚未完成，则政区适度规模问题将仍然是一个有必要研究的议题。特别是在重大突发公共卫生事件影响下，复工复产和经济恢复压力巨大，为激发地方政府发展积极性，很可能会出现新一轮的“行政区经济”，进而引发政区间产业雷同、重复建设、以邻为壑等政区跨界治理难题。与此同时，重大突发公共卫生事件防控引发的对城市安全、城市健康、城市韧性的高度重视，则又增加了影响政区适度规模的重要因素或导向，传统以经济为导向的政区规模治理往往因为追求规模和集聚效应，甚至政绩效应而片面“追求大”，而在健康、安全、公共服务、社会治理导向下，政区的适度规模可能应该是“追求小”，因为较小的政区单元规模更有利于阻止重大公共卫生事件的发生和扩散，有利于公共服务打通“最后一公里”，且更易满足居民的多样化需求等。

因此，在政区治理研究中，分析应急管理状态的政区制度规模非常有必要。

（三）政区层级治理逻辑：常态需要多层级与应急要求扁平化之间的矛盾

层级—幅度问题一直是政区治理的一个核心问题，也是我国政府治理中的难点问题。一方面，层级多则管理幅度小，利于各层级政府管控下辖政区和利用多层级梯度激励官员，但其弊端是行政链条过长，导致信息梗阻、政令不畅，也使得行政成本高昂，加之“职责同构”使得不同层级政府本应有的差异“消失了”，不利于各层级发挥优势；另一方面，压缩层级后的扁平化治理，虽然具有提升纵向行政效率、压缩行政成本、给予下辖政区更多自主权等优势，但也极易导致宽幅度甚至超宽幅度治理。扁平化宽幅度治理在遭遇大“治理负荷”的集权型大国治理时①，容易出现“鞭长莫及”的治理难题。加之，我国在快速城镇化进程中，由于面积大、人口多，往往有意无意会形成超大特大城市、超大政区单元，一旦政府层级过少，政府治理能力和技术稍有滞后，就不可避免地出现下辖政区超幅度治理难题。例如S市P区面积为1 200多平方公里，下辖36个街镇、8个开发区，管理幅度高达44个，若实施“区—街镇、开发区”的二级管理体制，则一个区长要认全44个下辖单位的书记和行政首长，难度非常大，如召开全区基层工作会，44个单位代表每人发言5分钟，就是近4个小时，会议议程的安排都非常困难②。因此，对于常态化管理而言，从目前中国的体制环境和发展阶段出发，较多层级的治理架构仍具有现实意义。

而对于应急管理而言，需要第一时间了解整体情况、第一时间做出决策、第一时间落实任务，因此，快速的政令畅通和下情上达要求政区层级治理尽量扁平化。在重大危机事件应急管理中，虽然可以在平转急中，采取上级派出工作组或下沉应急力量以及一线信息直报等扁平化或提级化管理，但如果行政层级过长，依然将产生一定的“阻滞”作用，而如果本身的行政层级就较少，那在应急管理需要“提级”或“扁平”管理时，其“贯穿性”将更强，更有利于实现平转急机制的切换。

由于应急管理状态下，目标往往较为集中，为了特定目标可能暂时“牺牲”其他目标，因此，应急管理状态下的非常规扁平化治理难以适应常态下的政区层级治理，常态管理中仍需要根据“治理负荷”来安排管理或服务层级。当然，从长期趋势来看，在政府职能转变到位的情况下，更多公共事务将通过多元主体参与来解决，“大包大揽”的政府也将减少治理负荷，扁平化的层级治理也就水到渠成。与此同时，信息化技术是目前破解政府治理层级两难问题的重要突破口。目前各地正在开展的“一网通办”“一网统管”以及城市大脑等智慧系统的建设，将规避扁平化带来的宽幅度治理难题，为实质性推动扁平化改革提供利器。

---

① 周雪光. 中国国家治理的制度逻辑：一个组织学研究[M]. 北京：生活·读书·新知三联书店，2017.

② 熊竞. 基层政区改革视角下的浦东区域管理体制研究[J]. 城市规划学刊，2013(A2)：10－14.

（四）政区建制治理逻辑：应急所需精细分类与类型缺乏等之间的矛盾

行政建制作为对地域空间一个基础的“识别系统”，其目的在于确定空间类型并匹配相应的治理架构，是空间分类治理的重要政策工具。这与应急管理中强调的对分类管控的要求有较强的内在一致性。应急管理是紧急状态下集中资源处置特定事项的管理，这一管理状态往往产生额外的成本，单一的目标追求也影响经济社会的正常运转，如果能够及时识别风险较小的地区或人群，而不是“一刀切”地进行应急管理，则风险小的地区或人群可以更快转入常态化管理，恢复正常的生产生活，由此降低突发事件对经济社会的影响，历次重大突发公共卫生事件防控中统筹风险防控与经济社会发展也是基于这一缘由。行政建制理应作为空间类型识别的重要参考，然而，由于政区建制的类型单一与转换失序，政区建制类型在发挥空间分类功能进而支撑应急管理上出现了矛盾。

关于政区建制类型单一方面的问题，虽然我国政区建制类型较多，例如从不同的空间地理特点可以分为城市型政区和地域型政区两类，其中也有县、县级市、市辖区以及街道办事处、镇、乡等表征不同城市化程度的建制类型；从不同的空间治理特点分为常规型政区、民族区域自治型政区、特别行政区政区三类。但是这些类别还难以精准识别中国丰富的地域形态，例如从基层政区角度，不少以工作人员为主的开发区、以海外居民为主的国际社区、以白领为主的商务区、以外来人员为主的租赁房社区等，这些空间形态在政区建制上一般为街道办事处或者建制镇，很难满足应急管理对分类管控的空间识别要求。

关于建制转换失序的问题，主要是城市型政区和地域型政区的区别及转换。地域型政区一般是指要素分散分布、密度较小、城镇化水平低的农村型政区。而城市型政区，顾名思义，是地域在经过城市化而形成城市、城镇后，专门针对城镇设立的政区建制。城市作为一个多元异质流动高密度要素集聚的地域，其各类风险，特别是公共卫生等灾害的风险更高。正如前文讨论的，当代市制的诞生与城镇地区公共卫生事件频发也是密切相关的。

可见城市作为一个要素集聚地和流动区，也是风险的集聚地和扩散区，设立市制的核心目标之一也是要防控高发频发的应急管理事故和灾害。因此，如果建制城市不具备相应的灾害预警、防控和处治能力，但又过于急迫地发展城市，则可能留下诸多隐患。中国长期以来在观念和政策上的城市偏向，使得政区在建制调整上往往存在过快、过多地推进地域型政区向城市型政区转换的问题。然而，一旦地域被赋予城市型政区建制，必然加快城镇的建设发展（如开征城镇建设税等），但如果其在转换过程中，标准设立不合理，或者有标准但把关不严，甚至出现弄虚作假等情况，则必然出现应急管理防控能力跟不上城镇自然发展以及人为推动发展的速度，这也将为城市的应急管理埋下隐患。因此，如何利用好地域型政区的分散性以防控重大风险，同时利用城市型政区的集中性带来的效率，是政区建制在应急管理中应该平衡的问题。

从优化路径而言，一方面需要进一步丰富建制类型，包括利用都、府与闾、邻、厢等中国历史上的建制名称以及同一建制的分等制来定义更多的地域形态，从而为应急状态下的分类管理提供识别依据；另一方面，则是制定县改市（区）、镇改街道的标准并规范审批流程，落实建制转换中的专家和公众参与，保持政区建制上的城乡转换节奏，甚至探索城乡一体化下的新型城市建制（如生态型城市建制）。

应急管理体系是一个多维逻辑的构建结果，政区治理逻辑对它的影响更多的是内层的、间接的，致使已有研究也较为零散。然而，具有显著中国特色的行政区划政策工具集在实践中却展现了对应急管理的多方面影响。无论是从两者的整体治理理念，还是从政区各要素更为具体的影响机制，都展示出研究中国应急管理体系的必要性。条分缕析式地从政区各要素治理逻辑中找到其影响应急管理的机制和困境，也对完善我国政区治理体系提出了要求，优化行政区划设置的任务依然很重，柔化政区边界以在应急管理中更好统筹跨界治理与属地治理，适域化设置政区规模以破解规模在提升治理能力的同时也增加了治理风险的难题。扁平化政区层级以在应急管理中更好畅通政府间的信息传递，丰富建制类型和控制城乡建制转换可以更好发挥政区建制在应急分类管理中的地域识别功能，并在应急管理中构建更具韧性的空间形态。当然，对于进行反向逻辑思考，即分析政区治理中应急管理的逻辑，可能是非常重要但本研究还未系统涉及的议题，而双向逻辑的深入分析，应该可以更为清晰地剖析出应急管理与政区治理之间的制度关联逻辑，也可以为完善应急管理体系和优化行政区划设置提供更为精准细致的理论支撑。此外，关于政区中心、政区专名等与应急管理的关联，也值得深入探讨。

第六节 区域协同与政区治理

中国式现代化提出的“走和平发展道路的现代化”，在超大特大城市尺度上则体现为超大特大城市与周边城镇和乡村共同发展，进而实现区域协同和一体化发展格局的现代化过程。

行政区划作为空间治理的重要政策工具，在区域协同发展和管理中发挥了重要作用。然而，传统的单一区划调整由于有诸多制度弊端而受到学界的强烈批判，并生发出诸多不动区划的区域治理理论予以解释并应用。然而，笔者进一步的研究表明：行政区划调整在中国特色的区域治理中仍有其制度生命力，这种生命力体现在传统区划调整在制度供给和制度需求两方面的转变，一方面是从制度供给角度进行政区政策工具的扩展化改造，另一方面是从制度需求角度将区域一体化对政区的空间逻辑需求叠加上政治逻辑需求。由此，区域城市一体化中的政区治理化和治理政区化构成了弥合行政区划在理论上失灵和实践中管用这一张力的解释路径，同时也为区域城市一体化的现实治理提供了一个独特的政策路径。

一、政区治理在超大特大城市区域一体化中的重要作用

随着京津冀、粤港澳、长三角等区域和城市群发展上升为国家战略，以强化对内开放为导向的区域一体化进程也成为我国构建经济发展新动能、打造空间新增长极的重要研究议题。然而，由于我国地方政府发展型体制的惯性，政区分割成为掣肘区域一体化的重要制度障碍。改革开放 40 多年

来，为激励地方发展的自主性和积极性，向地方放权的属地化管理制度成为地方治理的主要形式[①]。这种“行政区经济”[②]在促进地方竞合、激发地方发展[③]的同时，也逐渐推动地域空间从农村城市化，向城市区域化，再向区域城市一体化演进升级。这一演进升级过程在地理空间形态上使得区域城市发展呈现城市群、大湾区、都市圈、大都市区等新型地域形态，这种空间格局的形成和演进，使得市场要素发展和公共事务管理大大超越原有政区空间，也使得原有以属地激励为主的地方治理制度下的政区边界，日益显现出阻碍要素流动[④]、抑制规模和集聚效应[⑤]，甚至延缓和破坏区域一体化的行政藩篱。

换言之，在高速城市化后，原本激发地方和城市发展积极性的政区空间逐渐成为掣肘地方和城市发展的空间制度障碍，由此，对区域一体化制度症结的探讨，也不断聚焦到如何跨越甚至破除区划无形之墙这一核心问题上来。

针对这一问题，学界纷纷开出“药方”：一方面，区域经济学家基于西方解决国家与国家之间协调发展的区域主义与新区域主义[⑥]提出了次区域合作、多层级治理等理论；另一方面，政治学、公共管理学、法学等学科相关学者则提出了“区域行政”[⑦]、“区域公共管理”[⑧]、区域治理[⑨]、复合行政[⑩]、跨界治理[⑪]、

---

① 熊竞.应急管理中政区治理的关联逻辑及其内在困境[J].上海交通大学学报(哲学社会科学版)，2020，28(5)：68－77.

② 舒庆.中国行政区经济与行政区划研究[M].北京：中国环境科学出版社，1995；刘君德，靳润成，周克瑜.中国政区地理[M].北京：科学出版社，1999.

③ 张军，周黎安.为增长而竞争：中国增长的政治经济学[M].上海：上海人民出版社，2008.

④ 周业安，赵晓男.地方政府竞争模式研究：构建地方政府间良性竞争秩序的理论和政策分析[J].管理世界，2002(12)：52－61.

⑤ 高琳，高伟华.竞争效应抑或规模效应：辖区细碎对城市长期经济增长的影响[J].管理世界，2018，34(12)：67－80.

⑥ 殷为华.新区域主义理论：中国区域规划新视角[M].南京：东南大学出版社，2013.

⑦ 陈瑞莲，张紧跟.试论我国区域行政研究[J].广州大学学报(社会科学版)，2002(4)：1－11.

⑧ 金太军.从行政区行政到区域公共管理：政府治理形态嬗变的博弈分析[J].中国社会科学，2007(6)：53－65，205.

⑨ 金太军.从行政区行政到区域公共管理：政府治理形态嬗变的博弈分析[J].中国社会科学，2007(6)：53－65，205.

⑩ 王健，鲍静，刘小康，等.“复合行政”的提出：解决当代中国区域经济一体化与行政区划冲突的新思路[J].中国行政管理，2004(3)：44－48.

⑪ 陶希东.中国跨界区域管理研究[M].上海：上海社会科学院出版社，2010.

整体性治理[①]、制度性集体行动[②]、区域行政协议[③]等概念和理论。

学界探讨和开出的“药方”的一个共性指向是，试图走出用行政区划调整解决行政区划问题的窠臼，用非行政区划调整的方式来突破“行政区经济”和“行政区行政”，并实现区域的协同和一体化治理。毕竟从逻辑上而言，“区域的界限永远都是存在的”，无论是政区兼并还是重组，必然还会形成新的政区边界，新的政区边界在解决现有区域问题的同时，也为未来的区域问题埋下了“伏笔”甚至是“隐患”。

此外，行政区划调整带来的高昂物质成本、制度成本和心理成本也不得不考虑。凯曼尼(Kamann)研究国家边界的整合功能属性后发现，虽然区划调整实现了区域制度一体化，但心理文化影响并未消除：“国家间降低边界(功能属性)的影响，不能同样地产生双方的认同感，这个影响不应该被低估。”近年来，已有不少实证研究也证实了行政区划调整的低效甚至无效。当前，公众自我意识越来越凸显，质疑、反对的声音也开始直指仅从管理者视角进行区划调整的行为[④]。

来自不同领域的诸多学者对行政区划的“失灵”进行了批判。现实中我们发现，行政区划作为政策工具，仍是国家和地方政府解决城市和区域发展问题的有效“武器”。例如，我国较早施行并至今仍具有生命力的“市管县(市)”体制就是以行政区划调整作为构建中观城市群的重要制度。虽然这一体制近年来也面临一些挑战，但是它作为我国省级政区内推进的政区型跨界治理体制，即在中观层面通过区划体制改革来促进城镇组群，以城带乡的区域发展体制仍是我国行政区划政策工具在区域一体化上最典型的应用。这一应用体现在近年来多个省会城市通过“县(市)改区”方式拓展中心城市空间，以达到提高综合承载能力和资源配置能力的目的，如济南市、杭州市、南京市、合肥市等地的实践。再如，知名智库福卡的报告也指出“城

---

① 崔晶. 整体性治理视角下的京津冀大都市区地方政府协作模式研究[J]. 北京社会科学，2011(2)：34－37.

② 锁利铭，阚艳秋，涂易梅. 从“府际合作”走向“制度性集体行动”：协作性区域治理的研究述评[J]. 公共管理与政策评论，2018，7(3)：83－96.

③ 叶必丰. 区域经济一体化的法律治理[J]. 中国社会科学，2012(8)：107－130，205－206.

④ 熊竞，罗翔，沈洁，等. 从“空间治理”到“区划治理”：理论反思和实践路径[J]. 城市发展研究，2017，24(11)：89－93，124.

市迈入都市圈时代，为融入城市群，动行政区划已成最易释放制度红利、级差地租的调整方式”。

从国家治理现代化而言，行政区划作为体国经野之道，是我国空间治理体系和治理能力现代化的重要政策工具。特别是党的十八大以来，国家更多地关注到行政区划的重要性。党的十八届三中全会将优化行政区划设置作为全面深化改革的重要工作部署推动，对行政区划工作提出了更高的新要求。2014 年 2 月，习近平总书记在北京市考察工作时指出，行政区划并不必然就是区域合作和协同发展的障碍和壁垒，行政区划本身也是一种重要资源，用得好是推动区域协同发展的更大优势，用不好则可能成为发展的掣肘；要自觉打破自家“一亩三分地”的思维定式，大家抱成团朝着顶层设计的目标一起做[①]。2019 年 1 月 1 日实施的《行政区划管理条例》（中华人民共和国国务院令第 704 号），首次通过系统立法的方式把行政区划工作纳入规范化轨道。党的十九届四中全会进一步指出“优化行政区划设置，提高中心城市和城市群综合承载和资源优化配置能力，实行扁平化管理，形成高效率组织体系”，则更直接地对区域一体化中的行政区划研究提出了新要求。

区域一体化的研究和实践中，就行政区划这一治理政策工具而言，存在理论分析上的“政区失灵”和政策实践中的“政区有效”之间的显著张力，如何弥合这一张力，是本书拟破解的核心问题。要解释这一问题，逻辑上有两条路径。

其一，是从政区理论的辨析出发，解释区域治理相关理论为何出现“去政区化”“逆政区化”“弱政区化”的倾向，为政区逻辑在区域一体化研究中的重要性进行“正本清源”。而这一过程的关键则是对政区概念中“狭义的区划调整理解”的超越，行政区划调整只是“跨越卡夫丁大峡谷”的一瞬间，然而在这一瞬间的背后，包括政区要素静态运行中的职能发挥、蕴含类似区划调整相同政策目标的准行政区划调整、区划调整中充分加入专家论证和公众参与，以及指导这一系列调整的制度安排等，也应一并纳入政区分析的框

---

① 王开泳，陈田，刘毅.“行政区划本身也是一种重要资源”的理论创新与应用[J].地理研究，2019，38(2)：195－206.

架，而分析框架的扩展过程正是治理理念在刚性的、单一的行政区划概念中的强化，因此，我们将这一过程概括为“政区治理化”。

其二，则是从区域一体化实践中的政区政策供给的目标导向和动力机制出发，进一步论证政区治理逻辑在区域一体化中的必要性，特别是从传统推动空间要素一体化的空间逻辑扩展到更为重要的中央与地方关系、国际政治关系等政治逻辑。当区域一体化的内在目标推进到政治逻辑时，则行政区划的出场及其制度效用就显示出更多的优势。进一步而言，政区内涵在经过第一条路径的辨析后，作为治理化后的政区政策工具，更是可以成为推动区域一体化的核心政策工具，可以说在中国，区域一体化背后的实质是治理的政区化。

至此，本书的基本论点和分析理路得以确立，即理论目标是解释政区在区域治理理论中的“失灵”和区域治理实践中的“有效”，政策目标是论证我国区域一体化的一条独特路径是政区。而要完成这两个研究目标，核心在于从政区制度的供给和需求两端出发：一方面透析政区理论，超越传统行政区划调整的概念框架；另一方面透析区域一体化的更深层逻辑。

二、区域一体化中的政区制度供给创新：从政区调整到政区治理的超越

从全球城市化进程来看，当城市化率跨越 50%进入中后期阶段，城市的都市圈化、城市群化、连绵化、湾区化等区域一体化是必然趋势，而西方城市化先行国家在城市区域一体化阶段，都会突破单体政区去探索跨界治理的问题。面对行政区划对区域一体化的阻隔，一般有两种改革路径。

路径一是进行“政区兼并”（annexation），即中心城市或城区在扩展建成区过程中将所涉地域的政区纳入统筹管理，甚至“兼并”政区而成立区域性政府，如英国伦敦的都市郡议会、大曼彻斯特大都市区政府、日本东京都政府、加拿大多伦多大都市政府、澳大利亚墨尔本大都市权力机关、美国波特兰大都市政府和我国的北京及上海在 1958 年进行区划调整拓展城市规模等。据统计，美国在 1950 年到 1990 年的城市化拓展阶段，“所有城市中

只有 20%提高其密度，而许多其他城市都是插建和外围空间拓展同时进行”①。

路径二是进行“政区合并”(combination)，即由于中心城区拥堵、犯罪、污染等“城市病”严重，使得外围已城市化的郊区各政区相互合并成为新的城市中心，由此形成多中心的城市群或大都市圈治理格局，例如美国大城市周边的“市县合并”。此外，在破解城市扩展造成的公共服务碎片化整合问题时，根据不同类型公共服务的服务圈范围进行功能整合，形成相互层叠嵌套的功能区划也属于这一类型，例如美国的特别功能区等②。

不过进入 20 世纪 80 年代，以政区兼并或合并为主的区域一体化方式，受到了法律障碍、党派之争、都市区经济和社会问题等因素的影响，各国大都市区政府出现了职能减少、机构削弱的衰退现象，例如英国政府在 1986 年宣布取消伦敦等 6 个大都市区政府(都市郡)，恢复了“郡”建制。而我国学界对于区域一体化中行政区划的批判及相关概念和理论的提出，应该也是 20 世纪 80 年代后国际大都市区政府治理模式由高潮到衰退的新一轮区域治理实践的大背景所引致的。

大都市区政府组织模式由盛而衰，也是行政区划政策工具有效性由强到弱的外在体现。由此，以政区“兼并”“合并”为路径的区域一体化治理方式成为诸多理论批判的对象。但是，这些理论对行政区划在区域一体化中的制度阻碍作用也是认同的。例如，区域行政理论就认为“由于区域经济发展的整体性存在被民族国家或一国内的行政区划肢解的可能性”③。只是“区域治理”“区域公共管理”等理论是倡导通过非区划调整的协调、协作、协同来解决这一问题。这些理论普遍认为“解铃还须系铃人”的区划调整仅仅是“头痛医头脚痛医脚”的治标之策。从城市的动态扩展看，随着城市建成区的扩张，新的行政区划“边界”的空间障碍又将产生。频繁的区划调整行为不仅难以根治区域一体化的制度障碍(如政府职能转变仍不到位)，而且

① 戴维·鲁斯克. 没有郊区的城市[M]. 王英，郑德高，译. 上海：上海人民出版社，2011.

② 王旭. 专区：美国地方政府体系中的“隐形巨人”[J]. 吉林大学社会科学学报，2005(5)：74-81.

③ 陈瑞莲，张紧跟. 试论我国区域行政研究[J]. 广州大学学报(社会科学版)，2002(4)：1-11.

会产生高额的区划调整成本(包括企业和居民频繁地更换各类证件、政府官员和机构等的社会整合)，或因不规范操作导致不合理的调整结果，甚至出现“为换一个门把手而把整个房子拆了”的区划调整失误。

例如，上海中心城区在20世纪90年代中期之前主要以近域切块为主的区划调整方式进行城市拓展，而这种模式在城市化进程中面临动辄调整、频次较多而增加行政成本的挑战①。以上海普陀区为例，普陀区在1949—1992年曾有6次拓区，包括1950年新泾、真如、闸北等区的吴淞江以北、中山北路以南地区划入，1956年真如、大场两区部分地区划入，1958年西郊区撤销的同时部分地区划入，1982年宝山县部分地区划入，1984年嘉定县真如镇及长征、桃浦两乡部分地区和宝山县彭浦乡部分地区划入，1992年长征、桃浦两乡全境划入②。从这一案例我们可以观察到，由于采取了政区兼并的方式来拓展中心城区，普陀区、嘉定县、宝山县面临着频繁的区划调整，且下辖的真如镇、长征乡、桃浦乡等基层政区也是分多次碎片化切块划入。这无疑增加了在这一区域生产的企业和生活的居民的成本，政府管理也面临不断适应新情况的挑战。

直到20世纪90年代中期后，上海施行郊区的整县改区，这一近域切块划入的城市化空间拓展模式才得以改善，因为如在城市化进程不断加速的情况下，仍采取碎片化的划入模式必然产生更高昂的管理和社会成本。另外，浙江省舟山县嵊泗人民公社曾短暂划入上海，即1961年3月划入上海市，1962年5月又划归浙江省，而21世纪初以来随着洋山深水港的开发，则采取了上海市与浙江省区域协同治理的模式。这一案例也一定程度上说明了行政区划在区域一体化中的反复给嵊泗当地居民带来了不便，而后来采取的区域合作模式则较为平稳。

可见，区划调整在区域一体化中可能并不是最好的办法，学界因此也开始讨论和探索在不调整区划的情况下，如何通过设计跨政区的合作、联动等机制来破解区域一体化中的跨界治理难题。比如区域合作治理理论、起源

---

① 熊竞，孙斌栋. 超大城市政区治理：演进逻辑、制度困境与优化路径[J]. 上海行政学院学报，2020，21(5)：51-62.

② 上海市测绘院. 2019年上海市行政区划与地名图集[M]. 北京：中华地图学社，2019.

于欧盟研究的多层次治理理论、强调分权和自治的多中心治理理论等，都主张通过各种非区划调整的方式促进区域之间的协商，包括签订各类行政协议、共同组织编制规划、召开各类联席会议、建立相应协调机构、互派政府工作人员等。例如，目前长三角区域一体化中的长三角区域合作办以及长三角生态绿色一体化发展示范区执行委员会就是一种不打破行政区划界线，但非常紧密地进行区域一体化治理的最新探索。另外，兴起于 19 世纪 70 年代末期的新区域主义则强调企业、社会组织、居民等社会力量和市场力量也应该参与到区域协商合作中来。

上述理论和实践确实在不打破行政区划（包括不打破国界）框架的情况下解决了部分区域的公共问题。然而，由于缺乏政区的刚性约束，这些联席会议、行政协议、协调机构、非正式组织、倡导性规划等治理工具常常出现碎片化的、扯皮性的、形式性、低效率的治理效果①。

笔者曾在 2019 年多次前往某区域一体化毗邻地区调研，尽管毗邻地区建立了合作园区开发、合作集中办公等最为紧密的一体化探索形式，但由于行政区边界的存在，常常出现“貌合神离”等治理问题。例如，毗邻地区合作开发的 ZJCSJ 科技城，地跨 S 市与 Z 省两地，总规划面积为 87 平方公里，其中 Z 省境内有 45 平方公里，S 市境内有 42 平方公里，两地虽然在打通“断头路”等方面开展了诸多合作，但涉及企业跨界享受优惠政策、公交车跨界安全管理等问题时，仍面临“舍近求远”或“推诿扯皮”等挑战。

正是区域一体化中非区划治理仍可能面临的一系列“老”问题和“新”挑战，再次引发了学术界对整体性治理②、再领域化③等概念和理论的探讨。而实践层面也呈现出类似的发展趋势，比如不少政府又重新开始讨论大都市区政府的作用④。

刘君德等提出“行政区经济”理论，也历经了从分析行政区对区域经济刚性约束的负面效应，到重视行政区经济在促进区域经济发展上的正面效

---

① 上官莉娜. 走出治理破碎化困境：法国地方政府改革研究[M]. 北京：人民出版社，2012.

② 竺乾威. 从新公共管理到整体性治理[J]. 中国行政管理，2008(10)：52－58.

③ 刘云刚，叶清露，许晓霞. 空间、权力与领域：领域的政治地理研究综述与展望[J]. 人文地理，2015，30(3)：1－6.

④ 殷为华. 新区域主义理论：中国区域规划新视角[M]. 南京：东南大学出版社，2013.

应的转变①。行政区划所体现的刚性整合，之所以会重回学界和政界的视野，很重要的原因之一就是政区调整将外部交易成本内部化，与当前信息技术的结合，使得大规模和更广阔空间的组织和生产成为可能，而全球化挑战也让各国不得不选择通过内部城市组团方式，代表国家参与全球竞争。这也是“全球城市”理论兴起的重要原因。与此同时，中国城市化的飞速发展，使得城市区域化、群状化发展中的一体化矛盾更加凸显，进一步加剧了对区域一体化治理的制度改革需求。当然，这并不意味着行政区划会回到简单的“一并了之”“一合了事”等传统区划调整的老路上，而是更多地鼓励在低成本、多方式、柔性化、协商性的政区治理上寻找路径。

政区型跨界治理是指在推动区域一体化的政策路径上，充分考虑政区要素在静态运行中的职能，借鉴行政区划调整所蕴含的将交易成本内部化的政策工具功能，并在不得已的政区调整中强化调整的科学性、规范性和民主性的一系列政策工具的系统性应用。政区型跨界治理一方面是对传统性政区调整的超越，即通过曲线性、柔性化地破除政区边界来实现区域一体化，既保留政区边界的属地治理功能，又避免跨界公共事务治理中的碎片化问题；另一方面，则是将行政区划政策中的“硬约束”“真执行”“强保障”等制度效能赋予协商性、倡导性、软性化的跨界协同治理工具，既避免了政区调整成本高等弊端，又实现了区域一体化的实质性推动目标。

目前，我国在推进区域一体化的实践探索中，不通过传统的区划调整而突破政区边界，从而实现跨区域公共事务一体化整合的政区治理型政策工具日渐丰富，包括广东省的深圳—汕尾两市的特别合作区探索（通过法定关系而不是区划调整来界定各自的权责利）、新疆维吾尔自治区的乌昌一体化创新（部分重要职能部门合署办公）、江苏省的靖江江阴的跨江融合新试验（从产业同城拓展到设施、民生、生态的融合）、湖南省的长株潭联市制新概念（城市群政治的现实体现）以及跨省级政区的长三角生态绿色一体化发展示范区等。

另外，在应急管理领域，这种不进行区划调整但实现跨政区整合的政区

① 刘君德，马祖琦. 中国行政区经济理论的哲学思考[J]. 江汉论坛，2016(8)：5-9.

型跨界治理也有诸多探索。例如,重大公共卫生事件处置中的结对作战等,就是突破了政区边界,却并没有进行区划调整的政区型跨界治理模式。原本不打破政区边界进行跨区域整合,最大的问题是属地责任的模糊化。根据新制度经济学产权理论,政区"空间发展权利"的模糊必然增加高昂的交易成本,或是大大影响区域合作和一体化的内在动力和持续性。而通过实行小尺度或基层政区的对口和结对,却能更好地明确帮扶和应急支援的权责利,激发双方的积极性,产生类似政区合并的更为高效的协同合作效果。

三、区域一体化中的政区制度需求升级:从空间逻辑到政治逻辑的叠加

在推进区域一体化中为何需要政区制度,需要首先明确行政区划的制度需求,再结合区域一体化的情景分析政区治理的逻辑。

从政区的政策工具属性来看,它是用来回答大国治理中国土如何分区(划分区域及划定边界)、分层(各个基本分区如何累积形成多层级的纵向结构)、分类(根据不同的区域性质和特点设定不同的建制类型)问题,并确定行政中心和命名政区单元的空间治理政策工具集。行政区划在我国长期的发展中发挥了重要作用,是国家空间治理体系的重要组成部分。

从不同学科对行政区划概念的定义来看,政区制度在经济、社会、政治、文化以及生态文明建设方面都有相应的需求,但其核心逻辑有二:一是基于客观发展的空间逻辑;二是基于治国理政的政治逻辑。前者是根据自然地理、经济基础、人口分布、文化习俗等现实空间来进行区域划分的,并赋予相应的发展资源,促进地方经济社会发展。例如政区边界区划的"山川形便"原则,即福建省与江西省以武夷山为界,上海浦东新区与浦西各区以黄浦江为界等;后者则是根据国家治国理政的政治目标进行区域的划分,并协调中央和地方、地方与地方的关系,例如政区边界区划的"犬牙交错"原则,最为典型的应用之一就是本应以秦岭为界划入巴蜀地的汉中平原在元朝划入了陕西境内,让本来凭借秦岭易守难攻的巴蜀之地北门大开。

从行政区划的历史演变规律来看,基层政区和稳定时期的区划调整往往遵循空间逻辑;而高层政区和特殊时期的区划调整往往遵循政治逻辑。

但是，从行政区划的根本制度属性而言，空间划分首先是作为国家权力的体现，是中央集权体制的产物，是推进国家治理体系和治理能力现代化的重要内容，因此，政治逻辑是行政区划的第一逻辑。即使是在基层政区的调整中，遵循空间逻辑确立的政区边界、建制、驻地等结构，仍然需要根据地方政府的政治要求，在充分考虑空间逻辑的基础上综合政治逻辑来做出区划调整的方案。

目前我国的区域一体化研究和实践中，提出的跨政区整合或区划调整的目标大多是促进产业、交通、旅游、人口、技术、信息等要素的一体化，以及教育、医疗、养老、居住、体育等公共服务的一体化，即现有研究和实践更多的是从空间逻辑来分析并提出治理对策的，而较少从政治逻辑来考虑区域一体化的政区治理问题。这也导致对政区治理在区域一体化中的重要性有所忽视。

区域一体化的重要政治目标之一，在于优化大国治理中的中央与地方关系，即通过城市群、大湾区等省级政区的一体化和组团化、板块化，一定意义上使得中央在 34 个省、自治区、直辖市等一级政区的管理幅度上有所缩减。管理层次—幅度理论表明当管理幅度减少、层次—幅度更“尖”时，上级对下级管理的有效性将提升，因此，区域一体化从中央进行地方治理角度而言，无疑将有利于提升上令下达、下情上传的有效性和贯通性；与此同时，这一模式还可传递出地方大员在区域性治理绩效被肯定后的升迁路径，即更有利于从地方大员角度实现带动区域一体化治理绩效转化为升迁中央后的整体绩效，由此也大大增加了中央的统合性和地方的稳定性。从实践来看，近年来京津冀城市群、长三角城市群、粤港澳大湾区、长江中游城市群、中原城市群、成渝城市群等国家级城市群的建立，一定程度上缓解了中央与地方省级政府管理幅度上的压力，提升了中央治理地方的有效性。此外，粤港澳大湾区还有面向香港和澳门特别行政区治理的目标。这一空间治理格局一定程度上也有解放初期我国推行的以行政区划治理为基础的“大区制”的影子。

此外，从全球化进程来看，以城市群为地域形态的组团性竞争也已成为国家参与国际政治经济事务的重要方式，而近年来复杂不确定的国际关系，包括有所抬头的逆全球化趋势，特别是重大突发公共卫生事件导致的国际贸易萎缩和纷争，也将赋予"城市群"加快构建以内循环为主体，促进国内国际双循环新发展格局的新使命，以区域一体化的"对内开放"来促进内需消费，推动就业均衡，提高区域的资源承载能力和资源配置能力。

至此的分析表明，我国城市群区域一体化中不仅有诸多客观的空间治理需求，而且政治治理需求也越发重要。面对区域一体化制度需求结构的这种变化，行政区划可能是一个非常重要且必要的政策工具。其重要性，尤其体现在区域一体化中面向中央与地方关系优化的政区的政治逻辑及其制度需求上；而其必要性，则体现在传统政区调整框架拓展为政区治理框架后，行政区划在区域一体化中的应用将更加丰富、更可操作。

前述我国诸多国家级城市群战略的推出，即是目前行政区划治理逻辑的现实体现，而在区域一体化地方实践中，从国家宏观尺度缩放到中观尺度来看，其实区划调整也几乎一直在不断实践探索，当然在区域和城市尺度，行政区划的调整在受到政治逻辑驱动的同时，更多的还是空间逻辑驱动，而双重逻辑驱动的叠加与政区治理化后的区划改良政策工具相结合，进一步催生了治理的政区化。具体而言，区域一体化中治理政区化的实践探索体现在以下几个方面。

一是治理政区化能发挥政区边界对要素流动的阻隔和屏蔽作用。目前很多区域一体化制度创新探索选择在省界毗邻地区进行，即利用政区边界在制度试验中的独特作用来加速不打破区划边界但实现制度一体化的试验。政区边界在区域制度一体化探索中的独特优势则包括有利于提高一体化治理探索的强度和直接性，有利于快速形成一体化治理的示范效应，有利于聚精会神在"制度空间"突破上用力，有利于降低一体化治理创新中压力测试的负面影响等①。

二是治理政区化能发挥政区中心集聚和放大经济社会资源的作用。通过行政中心区划重组来提升其首位度，进而更好地发挥核心城市的辐射带动功能，为区域一体化形成多中心治理提供空间基础。例如长三角区域近

---

① 熊竞.长三角一体化：省界毗邻基层政区治理的发展路径[J].上海城市管理，2019，28(5)：45-50.

年来推进的安徽省撤并巢湖市组建大合肥，江苏省南京市的县市改区拓展城区，杭州市2021年全市层面区县重组优化空间布局等。

三是治理政区化能发挥政区建制对区域定位和招商引资的影响以及政区级别对获取不同等级资源能力的影响等。县改市或县改区，虽然一字之差，但其在对外空间品牌宣传和区域形象定位上则体现为城市化地区，这也为地区招商引资和加速城市基础设施建设带来了诸多无形的软实力。尽管行政级别的提升难度较大，但不少中心城市也通过纳入国家中心城市、增设国家自由贸易区等方式提升城市的战略等级和资源配置能力，进而增强自身的区域辐射带动作用。

除了以上政区要素发挥治理效用外，政区制度作为区域一体化中的基础性、框架性、综合性的制度，也成为推进其他的区域发展和管理制度跨界治理改革的平台，例如户籍、财税、生态、人事、领导、公共服务、产业扶持等制度①。

总之，区域一体化中的治理政区化是指为优化中央与地方治理关系、破解区域分割和碎片化困境、增强区域龙头和核心城市辐射带动功能以及形成更为持续均衡的区域多中心治理格局，而在其他政策工具使用出现边际效用递减的情况下，利用重新改良改造过的行政区划政策工具框架，即政区治理化后的政区要素功能运行、政区区划调整、政区制度改革的“大行政区划”制度框架，进而在发挥政区治理的直接和间接作用中推动区域城市一体化的总过程。

以政区逻辑思考区域一体化，可以从政区制度的供给和需求两个方面，将该逻辑分解为政区制度供给方面的政区治理化，以及政区制度需求方面的治理政区化，这两方面的结合构成了推动我国区域一体化发展的重要制度路径。与此同时，这一逻辑也解答了为何会存在行政区划“理论上失灵”但“实践中管用”的张力。

政区治理化是指在新的治国理政理念指导下，在治理相关的理论框架下，通过优化改造政区这一制度工具，放大其积极效应、正面能量和制度优

---

① 熊竞.新型城镇化与行政区划层级体制调整[J].上海城市管理，2013，22(6)：25－28.

势，同时缩减其消极效应、负面能量和制度劣势，并拓展其制度内涵的过程。例如，根据新出台的《行政区划管理条例》强化了行政区划过程中的公众和专家参与，以增加政区调整的科学性和合理性。通过政区边界的弹性化制度设计来实现辖区属地效应和跨界效应的双功能弹性转化，一方面发挥边界的桥梁效应，为要素流动破除政区障碍；另一方面发挥边界的属地效应，激发地方政府的积极性，确保政区边界权责明确。此外，通过对行政中心功能的优化，使得政区驻地在顺应市场规律中更易于实现集聚和规模效应，同时避免因政治过度吸纳非政治功能而造成的集聚过度、资源拥挤等负面效应；通过政区等级的分析，观察在跨界沟通中行政级别匹配功能的作用，例如长三角生态绿色发展示范区中毗邻镇的行政级别差异带来的一体化探索障碍等。对于确有必要进行区划调整的区域，应全面系统地做好专家咨询、当地居民参与、区划风险评估等工作。

治理政区化是指在区域一体化的治理中运用政区政策工具的过程。为突破区域一体化中的政区分割，有必要从“解铃还须系铃人”的角度重新将政区制度纳入区域一体化的分析框架。此外，从重要性角度而言，区域一体化不仅在空间上，更在政治逻辑上需要行政区划，而政区治理的政治逻辑和空间逻辑，又恰好可以满足区域一体化在这两方面的制度需求。当行政区划完成从政区调整到政区治理的超越后，政区通过治理化改造提升，其制度框架将大为拓展、制度工具将更为丰富，其在破解区域一体化制度障碍过程中的作用也就更为重要。

当然，行政区经济、行政区社会以及行政区治理是中国特色体制和特殊发展阶段具有正面实践意义的治理方式。从迈入社会主义现代化强国角度而言，在政府职能转变到位后，行政区划相关研究也将淡化，行政区划作为一堵“无形的墙”将仅仅发挥其划定职责边界、便于方位认定、明确统计单元等法定职责，这也是还行政区划应有的、本来的制度功能。而当再涉及客观的市场圈、服务圈、治理圈的资源配置时，行政区划“无形的墙”将不再产生制度上的阻碍和摩擦，任各要素按照自身的规律进行跨界配置和流动，由此，我们可以推导出这样一个结论，即行政区划研究的终极目标是终结行政区划的研究，而这也是笔者所期待的。

第三章

超大特大城市政区治理的路径优化

“政区的改革既是一个渐进的过程，更是一个庞大的社会系统工程，尤其是对我们这样的一个具有 2 000 多年政区沿革的泱泱大国来说，其改革所涉及的面之广、问题之多更是可想而知。”

——刘君德(1999)

第一节　中国当代市制的优化路径

进入新时代，我国城市面临高质量发展和精细化管理的新要求，空间内部更新和外部联动的新趋势，以及信息化时代城市治理体系扁平高效的可行性，高复杂性社会下强化基层民主的迫切性等新情况，结合我国当代市制演进逻辑的分析及存在的问题，本节从要素结构角度对未来市制改革路径进行初步探讨。

一、制度运转的法治化、科学化

从市制演进逻辑来看，制度完善对整体市制效能发挥具有重要作用。从现有市制的改革来看，其核心是抓住法治化和科学化两大原则。

在《行政区划管理条例》以及《行政区域边界争议处理条例》等政区法律法规的基础上，国家不断完善与城市型政区相关的条款，包括《行政区划管理条例》中提到的县级市、市辖区、街道，镇的设立标准以及相关管理流程、审批手续，从“放管服”角度对区划调整的审批权限，按照权责匹配的原则进行下沉；《行政区划管理条例》将行政区划工作纳入各城市国民经济社会发展规划，中心城市和城市群应系统编制行政区划规划，增加区划调整中专家、智库、市民等主体的参与。

在各项新兴技术飞速发展的背景下，城市市制改革和创新中也应强调新技术的应用，包括建立全国行政区划数据信息系统，并叠加“天地图”等地理信息以及国土资源和人口等数据；在城镇实体空间分析中充分应用地理信息系统、大数据、人工智能等新技术手段，对城市建成区和人口通勤圈进行精准分析和判断，为适域市制提供充分的科学决策依据，为设市的空间范围和时机窗口提供更为扎实的数据分析基础。通过地理信息系统等技术，精准制定设市、设区、设镇等建制城乡转换的标准，避免设市政策制定和区划调整中的主观性和随意性。

二、建制类型的规范化、丰富化

如何更加精准地匹配不同类型城市地域的建制管理，一方面需要对现有建制类型和通名进行规范和优化，避免“市建制”的泛化和同一，以及城乡政区类型的无差别化等问题；另一方面，探索更多的建制类型和政区通名。

就前者而言，其核心是对不同建制类型的转换标准进行进一步细化，转换标准的指标设计可采取“绝对指标＋相对指标”的方式，只要指标体系精细可操作，对建制类型转换管理自然就能更加严格和刚性，类型的清晰化和差异化也就能得以凸显。对于后者，在基层市制方面，随着我国城市精细化管理要求的不断提高，国家可借鉴历史上基层区划中曾应用过的以管理工商业居民为主的非正式的城镇型建制专名，包括务、墟、步、坊、厢等，以区别不同的基层城镇形态；在地级政区层面，可在深化市管县体制的基础上，借鉴历史上的“府”建制名称等；在省级政区层面，则针对城市群、都市区等新型城市形态探索历史上“都”建制名称等。

三、建制空间的适域化、跨界化

建制空间的改革，一方面需要通过新技术更加精准地计算和预测城市地域空间的扩展方向和面积；另一方面应逐渐淡化通过政区兼并来实现大都市区、城市群等城市区域化的发展逻辑。

我国的城市化在改革开放40多年高歌猛进后正进入存量提质、内部更新、指标控制甚至收缩发展的新阶段。市制在政区规模上也需要根据新的空间发展趋势，将“以规模论英雄的广域化设置”的理念调整为“以规模中立原则的适域化设置”的理念。因为“从广域到适域”的规模缩减不仅是市制理念的价值回归，更是新趋势下城市经济高质量发展、城市居民高品质生活、城市空间精细化管理的客观空间基础。在经济高质量发展方面，适域尺度政区可以更好地提升经济密度，为节约土地、生态发展、园区转型、产业升级提供空间基础；同时，经济和人口密度的提升也可以更好地满足高科技创新创业所需的面对面交流碰撞和高质量产城融合配套环境等需求。在居民高品质生活方面，“适域尺度”政区规模也可以大大增加公共服务的空间可达性，进而提升公共服务的均等化水平。此外，适域尺度政区规模也有利于在城市基层治理中，更好地构建“熟人社会”，进而为社区的共建共治自治提供更好的空间平台，最终实现城市居民的高品质生活。在城市精细化治理方面，适域尺度政区的设置，可以更好地为建成区面积、城市人口等重要基础数据的统计提供重要前提，为国际比较研究提供同口径数据基础，也有益于遵循国际惯例、避免城乡空间混淆带来统计数据偏差，增强国际比较研究的可行性。同时，适域尺度政区的设置还是实现城市精细化管理、参与式治理、新技术应用的空间前提。

当前我国处于城市群、大湾区、都市圈、大都市区蓬勃发展的新阶段，尤其需要通过体制机制的改革，对市镇政区边界进行“柔化”，并加大在规划编制、产业发展、公共服务、环境保护、社会治理等方面的跨界治理力度。在推动跨界和一体化治理方面，在打破“一亩三分地”思维的政策路径中，一个传统的做法是进行区划调整，即通过政区重组来解决跨界治理需求。然而，“行政区划本身也是一种重要资源，用得好就是推动区域协同发展的更大优势，用不好也可能成为掣肘”。区划调整是一项成本较高的制度调整方式(涉及更换相应标识、整合地域归属感、保护地名文化、重建社会资本、消化冗余政府官员等)，并且无论如何合并划界调整，政区仍是有边界的，就仍有跨界问题，且未来随着空间发展仍将再次面临扩界需求的问题。因此，区划政策工具虽然是破解一体化治理难题的一个选项，但应坚持无需用就不用，必须用则审慎用的原则，并且应坚定用全面深化改革创新的思想来指导区域一体化治理，明确其治本之策还是在于推动机制改革创新，促进政府职能转变，让市场在资源配置中起决定性作用，让社会流动更为有序公平。

四、建制单位的等第化、治理化

如何能在不扰乱现有政区层级的同时保持对城市政府的激励呢？一个可借鉴的思路就是中国历史上施行过的行政等第制。行政等第是指居于地方行政同一层级同一类建制的地方行政单位之间，在行政上的等第区别。这一制度是中国古代中央集权体制下，对地方行政单位采用的一项行政管理措施。这一制度自秦统一中国的公元前 221 年一直沿用到 20 世纪 60 年代，其核心目的在于通过分等来分类管理复杂的同级同类政区，并创设更多的行政激励空间。随着中国城镇化进程的快速推进，为应对城镇之间的巨大差异并保持良性激励，适时推动市镇分等可以说是一条可行路径。探索实行地域型政区辖城市型政区模式，一方面可使城市的层级序列较为清楚，例如，市的等级可以分为中央直辖市、省级辖市、地级辖市、县级辖市，市以下分为市辖区或派出街道办事处；另一方面，城市如做大做强，可通过清晰的升格、跃层、转辖等方式实现新的政区格局，对已有政区体系的扰动较小。

城市正进入复杂社会精细化治理和城市区域化治理的新阶段，治理体系和治理能力现代化不仅成为城市自身转型升级的核心驱动力，也是城市之间竞争的新标准。让城市各个主体更好地参与城市发展、建设和治理，既是近现代市制最初的本质要求，也是当今中国市制必须遵循的发展方向，包括在城市的内部管理和外部协同中强化“多元主体治理”理念。在城市内部管理中国家应进一步深化公众参与、基层民主、空间共治、依法治市等治理方式，充分体现“以人民为中心”的城市治理理念，更好实现“城市，让生活更美好”的目标。在城市外部协同中，国家要探索城市的“区域化考核制”，即探索既考核城市辖区内的发展，也连带考核辖区周边跨界区域的发展的新机制，探索能更好统筹城乡发展的生态型市制等。

第二节 中国超大特大城市政区治理面临的困境与优化路径

超大特大城市政区治理在现实中仍面临诸多困境，本节对我国超大特大城市政区治理在行政区域、行政建制、行政层级等方面的制度困境进行了系统分析，并在此基础上，提出了相应的优化路径。

一、我国超大特大城市政区治理的制度困境

本部分针对政区的行政区域、行政建制和行政层级三方面，分别从每个方面的政区要素、政区调整和政区制度等三个递进关系的政区治理逻辑出发，对目前超大特大城市政区中的治理困境进行分析。

（一）超大特大城市的行政区域治理困境

超大特大城市在做大空间规模上，一般有两个路径：一是通过户籍、土地、财税、营商环境等制度改革，吸引更多要素集聚到城市，从而做大产业、人口等的规模；二是通过“县市改区”等区划调整方式，“兼并”周边区域以做大规模，这也是我国市辖区数量不断增长的原因。近年来，市辖区数量在21世纪初的平稳格局下出现了新一轮的增长态势。例如2019年莱芜市并入济南市，2013年南京市下辖溧水、高淳撤县建区，2011年巢湖市部分区域划入合肥市，2001年杭州市代管的萧山市、余杭市撤市建区等。虽然路径二可以“立竿见影”地从统计指标上迅速做大规模，可以“行之有效”地从空间上拉开城市发展的框架，对于促进超大特大城市发展具有一定的合理性，但其“并发症”和“后遗症”也不少。这种“以政区规模论英雄”的思维，一方面容易因市制广域化而产生相关问题，即“假性城市化”导致的土地粗放利用、城乡概念混淆、统计指标模糊、市卡县市刮县、传统县制消失等；另一方面，即使市域范围中都是城镇地域，但因过于追求政区规模而导致的频繁区划调整，不仅容易给城镇体系带来不稳定性，而且产生了大量的行政和社会成本。

此外，在“以人民为中心”的指导思想下，人们对美好生活的向往成为城

市发展的最重要目标。由此，城市发展的重心也将越来越转向公共服务、社会治理、公共安全等非经济领域，与经济产业发展导向下城市规模要求“大”相比，民生导向更强调城市治理规模上要求“小”。这是因为规模小更易于贴近基层社区，更易于识别居民需求。而城市规模偏大易于引发产城分离导致的交通拥堵、承载力脆弱导致的环境污染、人口繁多导致的社会失序等“城市病”，甚至诱发重大公共卫生安全事件、重特大灾难事故（例如高密度人流的地铁、超高层的建筑一旦发生事故，很可能是灾难性的）等。

（二）超大特大城市的行政建制治理困境

一是直辖市建制存在问题。根据目前我国宪法第三十条规定：“中华人民共和国的行政区域划分如下：（一）全国分为省、自治区、直辖市。”从这个规定来看，我国现有的 4 个直辖市，在严格的法定政区名称上，应称为“北京直辖市”“上海直辖市”“天津直辖市”“重庆直辖市”，而在很多正式文件和场合，往往还是称为“北京市”“上海市”“天津市”“重庆市”。此外，重庆市作为我国改革开放后最年轻的直辖市，其市域内城市化型政区特点还不太明显，8 万多平方公里的市域面积内，建成区面积仅有 1 423 平方公里。从全域的空间城市化（城镇建成区面积占城市全部面积的比率，也可称为景观或形态的城镇化）角度而言，重庆空间城市化率仅为 1.73%，即使在主城区（中心城区 9 个市辖区），空间城市化率也只有 13.4%；而从人口城市化率（非农人口占全部常住人口的比重）而言，也才 65%，这与其作为直辖市，即城市型政区中的最高等级建制，似乎匹配度差距还较大。

二是超大特大城市正在向都市区、城市群、大湾区等城市区域化方向发展，而与这类快速发展的新型超大特大城市形态匹配的建制类型还较为缺乏。地级市作为地区行署转变而来的多个城镇和农村地域组成的地级市设置，在中观尺度上为城镇群发展提供了一种市制方式。然而，对于大尺度的城市群，例如长三角、珠三角、环渤海等高度发达的大都市区和城市连绵带区域还缺乏相应的规范市制，研究如何借鉴类似“东京都”（日本东京都的“都”建制，本身也是借鉴我国古代对政权中心首都、陪都，以及其他战略要地设置特殊建制的做法）这样的建制方式，以更好地推动城市群治理，具有一定的必要性。

三是从省级单位幅度而言，直辖市数量还不足。我国目前有省级行政单元34个，除港澳台外的省级单位仅31个，与中国地域面积相当的美国有50个州。虽然中美两国制度体系差异大，但仍有一定的借鉴意义。而从目前15个副省级超大特大城市来看，增设直辖市可以说是优化我国大国治理层次—幅度结构的有效路径之一。

（三）超大特大城市行政层级治理困境

为解决区县和街镇政府发展积极性问题，超大特大城市从20世纪90年代开始，纷纷探索了在中心城区和郊区分别推行“两级政府、三级管理”“三级政府、三级管理”等政区层级之间的放权让利改革。城市的这一纵向层级改革极大地调动了基层政府的发展积极性，也取得了很好的成效。然而，随着城市化进程的推进以及城郊空间的重构，这一体制也面临一些新的挑战。例如，在经济空间格局上，超大特大城市中心城区在深度城市化过程中呈现产业高度服务化和空间高度融合化的趋势，而中心城区的“两级政府、三级管理”的强属地化管理，则容易导致商圈、市场圈、公共服务圈等的“割裂”甚至碎片化，典型的案例包括位于上海市中心静安、普陀、长宁三区交界处的曹家渡商圈的衰落①。与此同时，超大特大城市郊区市辖区（一般面积比中心城区市辖区大十几倍）由于继续承担建设发展的重任（包括承担避免制造业空心化的重任），仍需要“三级政府、三级管理”体制，甚至需要强化这一层级体制，来继续激发市辖区的建设发展积极性。而中心城区和郊区都是市辖区建制，在“放管服”框架下权责体系差异类似，这显然给地域属性、发展特点和承担使命具有显著差异的城郊市辖区治理带来了挑战。因此，如何更好地促进郊区在新一轮“放权让利”改革中激发更大的自主性和积极性，则需要从市辖区体制上做考量。

超大特大城市基层政区是指超大特大城市政区下辖的政区，包括市辖区以及市管县（市）体制下所辖的县级市和县。改革开放以来，我国开启快速工业化和城镇化进程，人口城镇化率从1978年的17.92%猛增到2019年的超过60%，可以说我国用近40年的时间走过了西方百余年的城镇化发

---

① 刘君德，何建红．社区的行政分割及其整合研究：以上海市曹家渡为例[J]．上海城市规划，1998(4)：2－8．

展历程，并且城市化率还将继续在城市化“诺瑟姆S曲线”规律下不断提升。在“地广人多”背景下高歌猛进的中国城市化，形成了显著的超大特大城市现象，并在连锁反应下出现了城市内部的超大型市辖区（政区面积超过1 000平方公里的浦东新区、滨海新区、两江新区等）、超大型街镇（东莞市虎门镇、佛山市狮山镇、温州市龙港镇、上海市南汇新城镇等）、超大型社区（武汉百步亭社区、人口规模近80万的“亚洲最大社区”北京“回天”社区、上海大型保障房基地社区等）。

由于我国的治理资源一般还是依据单个政区来配置，例如上海一个街镇的公务员数量在50～60名，包括设置相应的派出所、市场监督局、城管所以及社区事务受理中心、社区卫生服务中心和社区文化活动中心等，而街镇规模的差异性则很大，最大的街镇的面积超过150平方公里，人口为30余万人，而最小的街镇的面积仅几平方公里，人口仅几万人。这使得治理资源与治理对象在空间体系上严重失衡，造成了基层治理诸多难题。此外，由于“直辖市下不辖市、市辖区下不辖区”，诸如浦东新区、滨海新区、两江新区等特大型市辖区在治理上面临一定的挑战。

二、超大特大城市政区治理现代化的优化路径

超大特大城市政区治理要实现现代化，需要从问题出发，不断促进建制类型丰富化，市域面积适域化以及行政层级整体扁平化等改革。

（一）行政建制治理上要丰富建制类型

一是四大直辖市在规范性文件中，应规范表述为“××直辖市”，而不是“××市”，避免与其他地级市、县级市的政区通名相混淆。

二是政府应及时总结长三角生态绿色一体化发展示范区在跨省级一体化治理方面的经验，适时针对以超大特大城市为核心的城市群，建立“大行政区”“都”“多中心市制”等相应的特别市制类型，探索超大特大城市与周边城市群的建制改革。

三是从中长期发展角度而言，随着我国超大特大城市规模的继续扩大以及数量的持续增长，政府相关部门可适时探索深圳市、宁波市等省域双中心的副省级市以及武汉等国家中心城市，或待海南全岛实现整体城市化后，

试点将这些城市区域改设为直辖市。

四是针对重庆、成都等城乡统筹或现代农业发达的超大特大城市特点，政府相关部门可参考借鉴澳大利亚等国家施行的“农业市、生态市”（rural city）做法，适时探索与地域形态和规模更加匹配的生态型市制[①]。

（二）行政区域治理上走适域化市制的路子

一是根据城市化发展阶段以及与中心城市的空间关联程度，政府相关部门应按照适域市制的要求，制定县（市）改区的区划调整标准。从行政区域即政区空间的角度而言，市制一般分为广域制、狭域制和适域制。广域是指市制划定的政区空间大于城镇建成区面积，即政区空间中包含一定规模的乡村地域；狭域是指市制划定的政区空间小于城镇建成区；适域则是指建制市划定的政区空间与城镇建成区面积基本吻合。

二是对于人口突破 500 万人的超大特大城市，政府相关部门应通过跨政区的联动来有效解决规模和集聚效应的辐射扩散，而要避免通过政区兼并的方式继续扩大行政版图。在市域内形成多中心格局的直辖市，甚至可以适时探索析出“二级市”等方式优化政区规模治理。

三是对于政区面积超过 10 万平方公里的超大型城市，主要是在西藏和新疆等地区的建制市或是兵团市，政府相关部门可适当做一些行政区域的调整，或恢复地区行署建制等，以规范市制。对于前期政区规模拓展过大过快的超大特大城市，也可适当做一些“再调整”，目标是使行政区域与实际的城市建成区面积更为匹配和吻合。

四是政府相关部门应控制好市辖区的规模，避免超大特大城市内部过多的市辖区兼并。

五是政府相关部门应协调好超大特大城市在行政区划、城市规划方面的关系，政区空间应尽量与城乡规划的建成区空间相一致，根据发展态势，区划的规模可适当超前，但不宜过大。

（三）行政层级治理上推进整体扁平等改革

一是超大特大城市普遍施行的“两级政府、三级管理、四级网络”治理体

---

① 熊竞．我国特大城市郊区“域”行政区划体制研究：以上海为例[M]．南京：江苏人民出版社，2015：16－29．

系应进一步优化。根据超大特大城市，特别是直辖市在城郊产业发展上的差异，政府相关部门应适当调整市辖区、街镇的层级体系。以上海为例，上海市 16 个市辖区大致可以划分为三大板块：第一，中心城区 7 个市辖区，包括黄浦、静安、杨浦、徐汇、长宁、普陀、虹口；第二，郊区 8 个市辖区，包括闵行、嘉定、宝山、松江、青浦、奉贤、金山、崇明；第三，特别市辖区——浦东新区。上海 2024 年的 GDP 是 5.39 万亿元，其中浦东新区是 1.78 亿元，约占 1/3，其他 7 个中心城区市辖区和郊区 8 个市辖区各约占 1/3。其一，城区和郊区在总体设计上，由于市中心区（指外环内以及四大主城区片区的范围，一共 1 100 平方公里左右）将逐渐进入一个以管理服务驱动深度城市化的阶段，进而要求政区格局从近期“大区制、小街区”向远期（2035 年后）“小区制、大街区”转变。其二，郊区在避免制造业空心化、推进乡村振兴战略下，仍将在近中期保持一定强度的开发建设职能，因此，郊区需要进一步深化放权改革，促进开发建设，因此，在郊区政区空间上可考虑北部、东部、西部、南部四大板块的布局，在各板块内部探索“大区制—街镇—基本管理单元—村居”的格局。其三，2020 年浦东新区在开发开放 30 周年之际，肩负推进改革开放再出发和实现 7 年经济总量突破 2 万亿的目标，近期应施以更大力度的“放管服”改革，在政区格局上可探索以街区组团、城镇组团、管镇联动为方式的内部放权改革，以调动更多主体、更大积极性来促发展。此外，目前的市辖区在通名上一样，然而这对于市区、郊区以及浦东新区而言，容易造成一定程度的混淆，从远期来看应该有更多的政区专名，即建制类型，如“市直辖区”等，以区分不同的建制职能类型。

二是对于超大特大城市下辖政区中衍生的超大街镇、超大社区，政府相关部门可借鉴上海“基本管理单元建设”的做法，适当充实超大基层政区的治理力量，保障公共资源的均衡化和可及化。上海作为我国超大城市的典型代表，近年来通过基层政区的调整来推动超大社区的精细化管理和精准化服务，特别是 2014 年推出“1＋6”文件后基层治理创新不断提速，在基层政区改革方面，影响最广、力度最大的应属基本管理单元建设。针对某些街镇规模过大的现实，上海市从市级层面协调统筹，自 2015 年开始，推出了 2 批共计 93 个基本管理单元，有效促进了超大街镇的精细化管理。随后，由区级层面考察规模过大街镇的治理难题，并由此确定区级申报基本管理单元名单，进而上报市民政局等相关部门，市民政局会同市政府办公厅、市委组织部、市发展改革委、市财政局等部门共同进行材料审核和现场验收，验收通过后，予以基本管理单元所在街镇相应的公务员编制、配套硬件建设资金等。

三是对于超大特大城市内某些特殊的超大型区域，政府相关部门可因地制宜地探索“设立直辖街镇”的做法，实行重点区域重点治理。对于一些规模较大、承载重点功能或工程的区域，虽然目前一般采取派出管委会等方式予以管理，但管委会毕竟不具备完整的行政主体资格，在行政诉讼、委托授权等方面仍有限制，而如果以行政区形式设置，则在制度上更为规范、稳定和成熟。因此，政府相关部门可参照中央直辖市、省直辖市等做法，在超大特大城市市域范围内设置直辖街镇，在行政级别、治理资源、服务资源等方面予以倾斜，同时保障体制运行的规范性和合法性。

四是为避免超大特大城市内部通勤人口的高密度、高频率流动，政府相关部门还应通过创新开发区与行政区管理体制的互动甚至融合，来促进产城融合、职住平衡。例如，深化探索管镇联动机制，包括管委会负责经济开发、营商环境打造，街镇负责社会治理、公共服务，并形成可持续的财税分享机制；开发区管委会、开发公司与街镇的协同治理机制，例如，苏州工业园区施行的管委会辖街镇模式、上海浦东南汇新城镇的“管镇合一”模式等。

第三节　超大特大城市社区分类治理的优化路径

针对上海等超大特大城市在社区分类治理中面临的诸多挑战，本书结合基层政区建制类型视角，从趋势研判、经验借鉴、基本思路、具体举措四个方面进行了探讨，以期更为系统地提出超大特大城市社区分类治理的优化路径。

一、趋势研判：面向基层建制短缺下的社区分类治理

在中国飞速发展的城镇化进程中，如何做好社区建设、发展和治理，从

对策上而言，以往更多的是按照高速发展阶段特征，化繁就简，往往用一个政策、一套方法、一组工具等来进行治理。然而，正如前面分析的，随着我国城镇化的快速发展和逐渐转型，社区治理的情况也进入新的复杂化发展的阶段，不但类型分化，对象也在多元，需求更是多样，事务也趋于棘手。习惯了快速工业化、城市化进程中通过“关键一招”、“毕其功于一役”、“牵一发动全身”、抓主要矛盾和主要矛盾的主要方面、一击必中、一子落满盘活、一招鲜吃遍天、集中式运动式聚焦式治理等方式，将越来越难应对风险社会、复杂社会的挑战，要实现新的治理均衡，不但技术上需要不断的分类化、精细化、统筹化、协同化、协调化，更需要在制度上解决好条块矛盾，强化向基层赋权、向社会分权，以破解“既要、又要、还要、更要”等带来的基层治理“内卷”和“行政有效和治理无效”问题。

上海、广州、北京、天津等超大特大城市多年的城市化进程，也让这些城市的基层社区、小区快速分化，单元多、类型多、变动多的特点也使得超大特大城市精细化管理上仍面临诸多问题和挑战，也对治理制度有更多更迫切的需求，因地制宜、分类治理这根“绣花针”通过对社区和小区进行更为细化的分类，总结其需求和资源特点并提出对策清单，可以说为社区精细化治理提供了很好的基础，一定程度上消除了建制类型缺失带来的粗放治理隐患。

特别是在现有的基层建制类型缺乏的情况下，街道办事处、建制镇、建制乡以及居民委员会、村民委员会等已不能适应上海等超大特大城市基层分类表征和治理的需要。因此，如何推进社区的精准分类，实现精细化治理，成为上海基层治理的重要目标。当然，从前述反思中我们也理解到，社区治理既要精细化也要低成本的治理，而既精细化又低成本的一个重要路径可能还是推进基层全过程人民民主，因为唯有通过基层民主和共建共治共享的方式，才能动态了解每个社区的问题、需求、资源和对策特征，才能更好推进社区分类治理。因此，社区分类治理最终的目标应该是健全基层群众自治制度，通过社区共建共治共享，自我管理、自我服务、自我教育，民主选举、民主决策、民主管理，让居民们自己来决定自身的需求、问题以及破解之策。

当然，从宏观尺度而言，分类治理的必要性来自中国超大规模空间治理如何避免“眉毛胡子一把抓”，让空间治理更有针对性，正如自然地理的划分可以提前预判很多气候水文、自然灾害、农业生产等情况，以提高决策的宏观把握性以及预见性、精准性。但是在微观尺度上，一方面需要自上而下培育和提升分类治理的思维、观念；另一方面，更为重要的是健全基层群众自治制度，让居民们来判断小区、社区的特点，让他们有更多的主动性、创造性，因地制宜地推进社区治理，这比自上而下的分类来得更加重要。

随着中国城镇化从数量、速度、建设为主，向数量质量齐驱、速度温度兼顾、建设治理并重的阶段转型。肇始于上海的社区分类精细化治理也必将扩散到其他城市，及时总结上海的城乡社区分类治理做法，不断完善城乡社区治理中的分类标准、操作流程、结果应用，形成可复制可推广的经验，是后续仍将持续推进的工作。

二、经验借鉴：中国历史上政区分等第治理的做法与启示

中国历史上，自秦代创设郡县制并施行行政区划治理制度以来，随着疆土的拓展和经济社会的逐渐繁荣，同级政区的分化也随之出现。在同一级的政区中，往往由于幅员大小、人口数量、治理难度不同，使得按照同一政区治理模式和资源供给数量，难以满足因地制宜的要求。针对这一现实治理需求，历代王朝都会根据不同的指标及标准，将同级政府分为不同的等第和类型。由于基层政区受到经济社会发展的影响最为直接，也是对经济社会施加影响最为具体的一级政区，因而基层政区的分异分化也是最为明显的。因此，历朝历代对县级政区的分等工作最为重视，相关的做法和制度也最为丰富。例如，秦汉以来以人口划分县长和县令之别，唐代对县级政区划分为“赤畿望紧上中下”七个等第，以及清朝通过“冲、繁、疲、难”四字缺的依据来划分政区。具体演进情况可参见表 3-1。

表 3-1　中国历史各朝代县分等依据及标准类型

朝代	县分等依据	分等标准类型
秦	户口	万户以上(令)、万户以下(长)
西汉	户口、地理位置	—

续　表

朝代	县分等依据	分等标准类型
东汉	户口	万户以上(令)、万户以下(长)
西晋	户口、地理位置	县千户以上,州、郡治五百户以上(令),以下(长)
南朝陈	户口、政治地位	建康令(第七品)、五千户以上(第八品)、五千户以下(第九品)
北魏	不详	上、中、下
北齐	不详	上上、上中、上下、中上、中中、中下、下上、下中、下下
北周	户口	户七千以上、户四千以上、户二千以上,户五百以上,户不满五百以下
隋	户口、政治地位	上上、上中、上下、中上、中中、中下、下上、下中、下下
唐	政治地位、地理位置、户口	赤、次赤、畿、次畿、望、紧、上、中、中下、下
后周	政治地位、地理位置、户口	赤、畿、次赤、次畿、望、紧、上、中、中下
宋	政治地位、地理位置、户口	赤、次赤、畿、次畿、望、紧、上、中、中下、下
金	政治地位、户口	次赤、次剧、京、上、中、下
元	户口	上、中、下
明	税粮(明初)	上、中、下
	大小、繁简、冲僻、难易(隆庆元年)	上、中、下
清	地理位置、事务繁简、赋税交纳、民风等	冲、繁、疲、难,四字俱全为“最要”,三字“要”缺、二字“中”缺,一字或无字“简”缺
民国	面积、人口、经济、文化、交通	三等,三至六等

资料来源:周振鹤.体国经野之道[M].上海:上海人民出版社,2019;华林甫,胡存璐.中国历代政区分等及其现实意义[J].中国行政管理,2022(3):90-97.

新中国成立后,从制度上取消了基层政区分等的做法,但是有一些学者也根据经济社会发展,特别是改革开放后城镇化的推进导致的县市分化,提出了县市分等的思路。例如，刘君德等①在1999年曾提出借鉴古代政区分等办法，将作为城市型政区的市和作为地域型政区的县分别划分若干等级，实行差等管理，使市县这两种不同的政区类型自成体系、自有等级、合理并存，这种方式试图通过市县分等，来破解整县改市弊端（造成假性城市化、对农业生产的冲击、对土地资源的浪费或者粗放的土地利用模式、传统县级建制迅速减少、可能动摇基层稳定等）、市管县体制弊端（市管市造成市建制概念的模糊、可能出现小马拉大车、市刮县、市卡县等问题）以及推进省直管县（可缩减层级，精简机构，便于统筹中央与地方关系等）的路径。对于县市在差等管理的内容上可分为四个方面，如表3-2所示。

表3-2　县市差等管理内容分类

路　径	分类标准	分类管理	补充说明
机构编制	依据是人口、区划以及地方经济发展水平	确定机构再定编制，如公安和财政等各市县必设机构；民政、工商、教科文卫等同等级市县可设机构；水产、畜牧等因地制宜的自设机构	并不是等级越高，机构越多，编制越多
政府权限	根据不同规模和类型来赋予有差异的管理权限	参考日本的政令市和美国设市分类法案制以及计划单列市等方式对市县进行分等	可充分借鉴国内外已有的经验做法
工资制度	公务员待遇与市县等级挂钩	精神鼓励为主，完善现行地区级差工资制度	单纯精神激励的效果不可持续
省级配套	逐步取消市管县制度，施行省直管县市制度，缩减层级	在省政府层面增设对市县分类指导的机构，可以是研究性质的，也可以是担负特定功能的机构，协助省政府管理下属县市，解决某些专项社会事务	地级市虚化可能造成动荡，可采取嵌入式机制和渐进式改革方式

资料来源：刘君德，靳润成，周克瑜．中国政区地理[M]．北京：科学出版社，1999.

从历史上我国基层政区（县）分等的制度演进来看，它很好地实现了中央掌握基层情况、掌握整体国情的目标，同时以等第之分来更精准地配置官

① 刘君德，靳润成，周克瑜．中国政区地理[M]．北京：科学出版社，1999.

吏资源，既可以提高政府治理资源的配置效率，也可以通过等第划分来区别官阶大小和俸禄多寡，进而更好地激发基层官吏治理地方的积极性。因此，借鉴古代基层政区分等的做法，可以为当前更加丰富的超大特大城市基层政区和社区的分类及精细化管理提供参考。

三、基本思路：深化超大特大城市社区分类治理的原则和路径

根据前面的趋势判断和分析，笔者认为要深化未来的超大特大城市社区分类治理，实现社区的精细化治理和良治善治，政府相关部门需要从三个路径进行系统推进，即技术性优化、制度性调整和理念性更新。

在技术性优化方面，政府相关部门应推进如下举措：一是确立市区联动、以区为主的工作思路，街镇则可不必再细分，即使再分但不固定标准和结果；二是增加社区分类标准，增强指标的丰富性，结合“平安社区”等创建，强化以人为本和韧性安全等指标；三是进一步明确分类单元，不仅包括居民区、小区，还有将楼宇、商圈、场所等纳入分类范畴；四是提前制定社区类型调整的流程和机制；五是强化社区分类结果的应用；六是强化数字赋能，充分利用大数据对小区进行画像分类。

在制度性调整方面，政府相关部门应推进如下举措：一是强化分类思维的培养和工具方法的应用，但不必机械性地设定统一标准和结果，目前我国在街道、镇、乡上的设定标准也较为模糊，虽然说明工作规范性不足，但也在一定程度上说明基层或微观尺度的空间分类必要性并非很强；二是强化根据特定工作，进行临时性、应急性的分类并加以应用和支撑特定目标的分类，例如平时积累社区大数据，为重大突发公共卫生事件应对提供支撑；三是从治本角度而言，强化推进基层全过程人民民主，树立分类标准在民心、治理智慧在民间的观念，通过社区的全过程人民民主将分类的标准和操作权限更多地赋予居民；四是适时组织修订《上海市民政局关于推进城乡社区治理突出问题分类指导工作的通知》，即沪民基发〔2019〕7 号文；五是继续配强居村支部书记，通过减负增能赋权提升社区干部分类治理能力。

在理念性更新方面，政府相关部门应推进如下举措：一是强化自下而上对社区治理特点和事务类型划分的自主性，通过全过程人民民主等方式

推进社区的治理，而减少以外部或者自上而下划分社区类型的干预；二是自上而下的社区类型划分因放在社区居委会和村民委员会辖区层面，作为最基本的单元，社区内部的划分则交给社区自身；三是在类型划分中充分考虑软性的、无形的指标，如社区治理主体之间的协同、邻里的和谐等。

四、具体举措：细化超大特大城市社区分类治理的措施

根据以上基本思路，笔者进一步细化优化超大特大城市社区分类治理的具体举措。

（一）强化社区分类相关成果的应用

从目前社区分类治理工作的推进看，是通过自下而上，街镇分好类上报然后汇总统计形成的，因此，街镇在熟悉分类方法后，应根据本辖区的社区特点，借鉴不同类型中的典型案例和做法来提升辖区社区精细化管理水平。把握社区特点，识别社区类型，提升设施、资金、项目等各类资源在不同类型社区的适配度。建议以自然小区作为基本治理单位，依靠广泛深入的社区调查，摸清社区居民的社会交往情况和社区资源的占有及利用情况，利用社区需求调查表、社区资源排摸表，判定社区类型，以补齐社区短板为目标，选择与社区类型相适应的治理方式方法。

（二）强化数字技术应用，力争形成各类型社区和小区的画像

政府相关部门可运用科技手段为社区赋能，推动人工智能、大数据、物联网、云计算等技术在社区分类治理中的具体应用。例如，建立以社区为单位的数据处理和智能化治理云平台，鼓励社区服务和治理事项网上办、掌上办，扩大社区对民情信息的共享权，利用专业化、数据化分析方法研判社区状况和治理走势；发挥智能系统设备在社区安防、物业管理、公共空间共享、老弱群体照料等领域的功能，依靠信息化手段链接社区内外资源，推动线上与线下活动相结合，促进社区与社群情感交融。近年来，人工智能技术的发展非常迅速，政府相关部门可以通过政务大模型、垂直行业大模型、搜索增强技术等方式，强化对社区类型分化的及时性、动态性、精准性分析，以迅速对社区和小区进行“画像”，进而明确其治理重点、治理难点以及治理策略。

(三) 全方位合理利用和整合社区治理资源

合理整合和利用社区治理资源，需要多方位的努力与合作，政府、社会组织以及市场在资源整合方面都有着不可取代的作用。首先，针对老旧小区公共设施老化、公共活动面积少、停车难等问题，政府应充分考虑到社区内居民的生活需要，提供一定的资金支持，帮助社区加强专业人才的引进。其次，政府还可以通过建立健全社区资源共享、成本分摊的相关政策与法规，形成制度化约束。此外，为了方便居民办事，在一些行政事务的申请机制方面，政府也可以适当做一些简化，提高办事效率与居民满意度。最后，由于老新村和安置区内居民的年龄趋向于老龄化以及大部分居民文化程度偏低，通过社会组织和市场化机制，引进相应的养老服务、社区居民教育服务、引导居民的再就业服务等，也是资源整合的重点之一。

(四) 优化分类标准，动态调整社区类型

从发展的角度而言，目前社区分类确定的类型还可能有变化，因此，政府相关部门可制订一个分类结果的三年评估计划，每三年对分类结果进行修正调整。此外，目前以住宅类型作为分类标准虽然操作简便、数据可得、直观可感，但从社区的初心来看，如何打造一个出入相友、守望相助、邻里和谐的地域生活共同体才是社区治理的终极目标。因此，社区在分类标准上还应从数据可得性角度适当增加一些软性指标，从社区社会资本方面增加分类的依据。

第四节　上海五个新城政区治理的优化路径

本节从共性和个性两个方面，对上海五个新城在政区治理上的优化路径进行探讨。共性角度主要包括市域—城域—区域三个尺度上的政区治理优化建议，个性优化路径则结合每个新城在政区治理上面临的挑战加以分析。

一、三尺度维度上海超大城市五个新城政区治理优化路径

本部分主要从中观市域尺度、微观城域尺度、宏观区域尺度三个方面对

上海五个新城的政区治理优化路径提出了对策建议。

（一）市域尺度：优化“市—区（新城）”关系的五条路径

推进上海五个新城下一步的发展，优化“市—区（新城）”关系，笔者认为至少有以下五方面的建议。

1. 出台专门规定，明确以审批权限为核心的市—区关系

主要国际大都市的经验表明，要实现五大新城“高效治理”“功能完备”“综合”“独立”等目标，政府相关部门应在目前设立统一的新城规划建设推进领导小组的基础上，进一步适当优化“市—区（新城）”的治理关系，尤其是在规划调整审批权限、土地出让金分成、人才政策、用地指标、项目审批权限等方面，根据新城发力的实际情况进行优化调整。在优化调整过程中，政府一方面要避免“备案制”可能带来的“集中备案所需周期较长”“形式化备案实质上还是审批”等反而降低治理效率的情况；另一方面也要在强调“新城是功能独立而不是建制独立”这一基本原则的基础上，更注重优化新城自主权限方面的安排。

2. 明确五大新城与中心城区的不同职能和激励考核机制

尽管在城市区域化发展趋势下，城郊关系呈现“扁平化”“一体化”“多中心”的格局，但当前，上海在内城和新城发展上还是由于阶段不同、类型不同、结构不同、功能不同而呈现差异性。2000 年前后，各郊区县完成了撤县设区改革，尽管通过撤县设区可为新城的招商引资、功能建设、宣传推介带来建制名称上的支撑，但是与中心城区市辖区的建制趋同或通名相同，也带来了母城与新城“区位不同区划同、功能不同职能同、定位不同地位同”的治理矛盾。“十四五”期间新城发力背景下，笔者建议进一步梳理区分五大新城与中心城区间差异化的定位、职能和考核激励机制。

3. 科学设置中心城区与新城区域的生态廊道界线

圈层式近域拓展（常说的“摊大饼”）在产生和加剧城市病上的弊端凸显，为规制母城无序蔓延，政府相关部门需设立城市开发边界。原本，上海的外环通道及其绿带建设就是为了将城市“摊大饼”控制在 660 平方千米的范畴，但在 2021 年，城市连片建成区的面积和人口已达到 1 119 平方千米和 1 400 万人。新城开发更需要有意识地划定新的生态廊道或绿化隔离带，规

避“中心辐射”落入继续“摊大饼”的窠臼，真正将五大新城建成独立综合性节点城市。

为此，笔者利用现有人口数据，应用经典的“空间断裂点”模型，测算了五大新城与中心城区的断裂点及其连线，发现以新城现状人口测算，断裂点远远超出外环绿带，甚至接近郊环。而如果新城人口达到百万、中心城区人口不变，断裂点会有所内移，但幅度不大，可见如果人口结构不改变，中心城区将持续向外“摊大饼”。笔者建议在新城所在市辖区靠近中心城区的区域，不应过快过多地设置街道办事处，这将加速该区域的人口导入，加快内城和外城的连接，继而加剧“摊大饼”引发的“城市病”。

4. 创新直辖市次级政区的建制类型，因地制宜推动新城发力

目前直辖市下次级政区仅有“区”和“县”，建制类型还是较为单一，无法用以区分中心城区、副中心、独立新城、乡村型城市等多种类型的城市空间结构，建制名称犹如一个区域最为综合的特征体现，如果类型缺乏，既影响地域形成的塑造，也在治理上难以因地制宜。相比来说，非直辖市因不存在“直辖市下不辖市”的制度约束，在“市管县(市)”体制下，中心城市次级政区有三种类型，即“区”“县级市”“县”，提供了进行政区分类治理的较多选择，而空间类型丰富的直辖市，却没有更多的建制类型，建议创新建制类型，服务于新城发力。

5. 对新城充分“简政放权”的同时，善用数字化监管

在城市全面数字化转型的趋势下，数字治理为“扁平化治理”和“事中事后监管”提供了技术手段，市级可根据新城发力所需的权限“大胆”“坚定”推动简政放权，为新城发力提供宽松的体制环境。与此同时，“一屏观全域、一网管全城”的城市综合运行系统，也为全市统筹发展、有效监管提供了治理利器。当然，由于新城空间大、底子薄、起步晚，在全面数字化转型，尤其是数字治理方面往往渗透率低，政府内部存在“数字鸿沟”，但数字转型具有明显的后发优势特点，因此，推进数字化转型是新城塑造“现代时尚的未来感”，高起点、跨越式推动产城融合和高效治理的重要路径。

五个新城应在特色领域或重点区域先行探索标杆性数字化转型项目，形成示范并逐渐推动整体数字化转型。在“一城一名园”“一城一枢纽”基础

上，五个新城提出“一城一场景”，例如嘉定的无人驾驶车路场景的监管创新，松江的G60跨政区审批和监管场景创新，青浦以数字经济服务创新为主的“G50数字干线”，奉贤围绕东方美谷等产业链数字化的“数字江海”，南汇新城的跨境数据应用监管场景创新。

（二）城域尺度：五个新城基层政区治理的优化路径

1. “三区深度融合”：推动新城产城融合、职住平衡和治理高效

目前五个新城都陆续成立了新城规划建设领导小组，但新城规划区域与街镇和开发区的边界并未重合，可能使得规划在落地过程中难以发挥街镇的积极性。此外，不少新城规划区内还有工业区管委会，实现“新城规划区—基层行政区—功能开发区”等各主体的分工协同和深度融合是新城推进“产城融合、职住平衡”的体制基础，是新城实现“高效治理”的必由路径。政府相关部门可因地制宜、一城一策地借鉴“法定机构”“管镇联动”“管委会代管街镇”“行政区派出功能区”等机制推动新城“三区深度融合”。

如松江新城规划区与各街镇的协同联动机制还需探索，政府相关部门可考虑推进项目统筹、分级落地、建管分离等改革；大学城与新城的联动融合还需优化，可考虑支持大学创办科技园，适时引进中外合作办学的理工科院校和研究机构等。如南汇新城需要在产城深度融合的基础上，继续优化新城与自由贸易区新片区启动区、南汇新城镇等建制镇以及浦东新区、奉贤区、闵行区、洋山深水港的空间关系。如嘉定新城应在新城拓区后，需有序推进菊园新区管委会、嘉定工业园区北区等准基层政区的建制化改革，适时筹备建立菊园（新区）街道并研究嘉北街道（嘉定开发区北区）的设立。

2. “单元规模适度”：以15分钟社区生活圈为标准划定街镇治理规模

新城规划区作为区域的“中心城区”，在未来人口导入后必然要实行更为精细化的管理，因此，新城治理单元需要在现有街镇空间尺度上继续划小，特别是按照15分钟生活圈的建设目标优化街镇空间区划。笔者在上海进行了15分钟步行距离的实证研究，发现在居委会辖区人口平均1 500户的设置下，要实现15分钟社区生活圈目标，最优的基层区划设置是：当人口密度为1万人/千米^{2}时，街道辖区2～3平方千米，服务2万～3万人，下

设 7 个社区(克里斯泰勒中心地理论的最优行政管理幅度)。当然,当人口密度高于 1 万人/千米^2 或者人口密度低于 1 万人/千米^2 时,街道面积可做相应调整,但应不小于 2 平方千米。

这对于新城而言具有重要借鉴意义,如青浦新城应按照 15 分钟社区生活圈的标准,结合基本管理单元建设,通过增设基本管理单元和析出街道等方式,划小香花桥街道(面积为 69.45 平方千米,是上海面积最大的街道)、夏阳街道等超大街道的规模,为精细化管理提供空间支撑。再如松江新城在析出广富林街道的基础上,可继续适时推进中山街道的调整,而南部大型居住社区的住宅结构以及基本管理单元建设需进一步优化。从上海市管理精细化、成熟城市化的中心城区来看,街道面积和人口规模现状分布也有类似的规律。

随着人口大量快速导入,城市化进程加快且成熟化、中心化,超大特大城市需要精细化治理,划小区划格局,但是发展权能增加后,如要发挥街镇积极性则也不宜过度划小。上海在“二级政府、三级管理”改革阶段,单元合并倾向做大。1994 年,上海市徐汇区“撤五建三”,撤销徐镇路、漕溪北路、天平路、永嘉路、枫林路街道,建徐家汇街道以及新的天平和枫林路街道;长宁区于 1995 年“撤二建一”,撤华阳路和武夷路街道,设新的华阳街道;静安区于 1994 年“撤十建五”。近郊和远郊则在 21 世纪初随着全国大规模的乡镇撤并也推进了街镇撤并工作,例如普陀区于 2000 年将 11 街道撤并为 6 街道,闵行由 6 街道 15 镇撤并为 3 街道 9 镇,浦东新区从 1997 年的 13 街道 28 镇撤并到 2001 年的 11 街道 13 镇。

3. “新型街区制”:在街镇和村居之间加设“中间层”

上海针对中心城区居委会规模太小导致的服务能级和质量不足、街道规模太大产生的精准性可及性不高的问题,通过在街道办事处—居民委员会“中间层”设置“邻里汇”“睦邻中心”“市民驿站”“邻里中心”等新型街区制,实现了超大特大城市治理所需“扁平化”与公共服务供给所需“多层化”之间的平衡。同时,通过在郊区和乡村设置非行政层级属性的“基本管理单元”、析出街道等做法,破解快速城镇化进程和乡镇撤并导致的镇域居民公共管理和公共服务供给不足等问题。五大新城在产城融合和职住平衡定位中将导入大量人口，应根据新城未来发展图景，借鉴中心城区“行政管理减层、公共服务加层”的做法，探索“新型街区制”，以设计基层政区的调整优化路径。

如青浦新城应有序推进赵巷镇目前一分为二的特殊政区空间结构，可在设立基本管理单元的基础上适时析出街道。此外，在西虹桥加快发展的趋势下，对于人口集聚的徐泾镇也可参照松江区析出九里亭街道等做法，适时析出街道或撤镇设街道（郊区市辖区靠近中心城区的基层政区，由于人口集聚往往设为街道，例如嘉定区真新街道、奉贤区西渡和奉浦街道等）。当然，政府相关部门也应避免新城所在市辖区靠近中心城区的空间过度城市化（过快过多设置街道办事处），进而与中心城区建成区拼贴，继续落入城市“摊大饼”模式。

4. 建制的规范化和人文化：规范设立街道的标准、提升命名的高雅化

随着新城发力的加速，产业、人口和土地的城镇化进程将加快，新城及其所在市辖区的村改居、镇改街道等城乡建制转换也将随之加快。为积极稳妥推进这一工作，一方面政府相关部门要建立科学合理的建制镇和街道办事处的设置标准，在充分考虑行政成本和治理需求的平衡后，在镇管社区和基本管理单元建设的基础上，积极稳妥推进镇改街道、析出街道等；另一方面，要加快“城中镇”“园中村”等改造，从空间的精细化管理和居民的高品质服务需求出发，而不是仅从管理者利益出发，妥善处理农村集体资产，适时推进村改居、镇改街道工作。

此外，政府相关部门还应规范新城中一些不规范的建制专名，例如嘉定新城和南汇新城应对“嘉定镇街道”“南汇新城镇”等通名专名化的情况进行优化。另外，像菊园新区管委会、工业园区管委会等准政区在表述上也需要规范。随着未来新城城市化进程的加速，村改居会加速，新建居委会的名称也应规范化。笔者 2018 年对全市 16 个区 4 364 个居委会名称的全样本分析如表 3－3 所示。

一是上海 1/3 以上（1 495 个居委会，占比为 34.26%）的居委会名称是以数字作为居委会专名，如“张庙街道通河八村三居委会”“兆林新村第十六居委会”等。这样的命名方式缺乏美感，不利于形成居民的归属感。

表 3-3　2018 年上海各区居委会名称带阿拉伯数字的统计

区　名	阿拉伯数字排序的居委会名称数量/个	该区居委会总数量/个	占比/%
黄浦区	31	183	16.94
徐汇区	92	306	30.07
长宁区	50	185	27.03
静安区	39	275	14.18
普陀区	87	258	33.72
虹口区	55	212	25.94
杨浦区	108	302	35.76
闵行区	243	445	54.61
宝山区	288	375	76.80
嘉定区	29	199	14.57
浦东新区	357	939	38.02
金山区	17	103	16.50
松江区	22	251	8.76
青浦区	14	132	10.61
奉贤区	58	121	47.93
崇明区	5	78	6.41
总计	1 495	4 364	34.26

二是全市 20.23%的居委会中带有“村”这一名词，以“××村居委会”命名在上海非常普遍，如上南八村居委会、三林新村居委会等。尽管这一方式具有继承性，但也可能造成一定的误解，可以进一步优化。

表 3－4 2018 年全市层面以“路、街、弄”开头的居村名称统计

区　名	数量/个	总数/个	占比/%
黄浦区	39	183	21.31
徐汇区	19	306	6.21
长宁区	8	185	4.32
静安区	77	275	28.00
普陀区	17	258	6.59
虹口区	35	212	16.51
杨浦区	63	302	20.86
闵行区	30	445	6.74
宝山区	13	375	3.47
嘉定区	2	199	1.01
浦东新区	104	939	11.08
金山区	1	103	0.97
松江区	5	251	1.99
青浦区	8	132	6.06
奉贤区	3	121	2.48
崇明区	2	78	2.56
总计	426	4 364	9.76

三是用“路、弄、街、里”等路名来给居委会取名的占到 9.76%，例如，“中山东一路居委会”“谈家桥路 80 弄居委会”等，这样的取名方式虽然便于居民通过地理位置来寻找和记忆，但总体上也有局限性，可以从地名创新角度采用更有美感的取名方式。

(三) 区域尺度：长三角一体化视角五个新城政区治理优化路径

从上海市域空间面积而言，五大新城应该是上海在行政辖区内最后一

块战略纵深空间,因此,未来的城市拓展将主要以功能区拓展为主,行政区拓展的可能性非常小,而新城作为长三角区域一体化的桥头堡和前沿阵地,一方面可以提高上海市"中心辐射"的效率,另一方面可以通过承接苏浙皖入沪就医就学需求,缓解中心城区的压力。而如何高效规范推动五大新城与长三角的联动协同,放大已有区域一体化探索经验是一条重要路径。

一是政府相关部门应借鉴G60科创走廊经验,依托重要交通和地理走廊及其节点,推进长三角一体化。通过总结归纳松江新城G60科创走廊建设经验,发挥交通走廊、生态廊道等空间串联效应,推动各大新城与长三角的链接,例如青浦新城可打造G50生态绿色发展走廊,嘉定新城可打造G42高端智能制造走廊,南汇新城和奉贤新城可打造环杭州湾海洋经济走廊等。

二是政府相关部门应优化"行政协议"制度,以"府际规范高效合作"更好推动长三角一体化。通过强化"行政协议"制度创新,包括建立"行政协议"的标准、指南和清单以及"行政救济机制"等,让地方政府间规划、交通、产业、民生、人口等政策协同要素更好落地。

三是政府相关部门应借鉴"毗邻党建"制度,通过党建联建、交叉任职等方式来破解毗邻地区的跨界治理问题。例如之前上海金山区枫泾镇与浙江嘉兴市新埭镇的飞地成为倾倒垃圾的垃圾山,后来两地通过毗邻党建的方式实现了垃圾山变生态公园。

四是从虹桥国际开放枢纽建设来看,政府相关部门应从市级层面将虹桥与邻近的嘉定新城、青浦新城、松江新城等联动起来,通过联动招商、分级落地等机制,实现虹桥—新城和长三角区域一体化的新格局。

五是政府相关部门应借助"数字化治理",率先在五大新城推动城市数字化转型,并聚焦区域一体化应用场景,包括异地注册、异地养老、远程就医、远程教育等,再通过线上长三角一体化建设来推动线下一体化建设。

二、五个新城个性化角度的政区治理优化路径

本部分分别对五个新城基层政区进行个性化的探讨,包括其演进历程、现状问题以及优化路径。

(一) 松江新城的基层政区治理问题与优化路径

1. 松江区的基层政区演进

松江区行政区划面积达606平方千米，2020年底常住人口为182.41万人，辖6个街道办事处，11个镇，274个居民委员会，84个村民委员会。1958年3月，江苏省松江专区撤销，松江县划归苏州专区；11月，松江县划归上海市，当时的松江县不仅与嘉兴接壤，也与东海相连，1966年10月，松江县山阳、漕泾、朱行、亭新、枫围5个公社和枫泾、亭林2个镇，以及张泽公社南部的金明、津星2个大队划归金山县；金山县泖港公社划归松江县；松江县漕泾公社黄沙、花园、南迎龙3个大队划归奉贤县，由此奠定目前松江区政区空间形态，并一直延续至今。由此，松江也成为五个新城中唯一所在市辖区未与苏浙有直接接壤的区域。

1993年，松江县共有3镇（松江镇、泗泾镇、佘山镇）17乡，同年7月，6个乡进行了撤乡建镇；1994年，其余乡也全部实现建制转型，松江县也进入“无乡时代”，全县共有20个镇。这一建制调整的动因在于乡镇工业以及开发区、出口加工区建设推动的城镇化进程。

1998年，松江撤县设区成为松江区；2000年，松江进行了一次大幅度的基层政区重组，由20个镇重组为4街道11镇，不仅新增4个街道，同时撤减了5个建制单位，包括撤销仓桥镇建制，并划入松江镇部分区域，设立永丰街道；撤销松江镇建制，设立岳阳街道；撤销茸北镇建制，并划入松江镇、华阳镇、新桥镇、车墩镇部分区域，设立中山街道；析出仓桥镇、茸北镇部分区域，设立方松街道等。这一波大规模的基层政区结构调整，动因一方面是上海市在21世纪初印发了《市政府印发关于上海市促进城镇发展试点意见的通知》（沪府发〔2001〕1号），并做出建设“一城九镇”的决定，其中“一城”为松江新城。2001年8月，上海市政府在松江召开大会，宣布松江新城建设正式启动，松江大学城也启动建设。为更好支撑松江新城建设进行了撤镇设街的改革，与此同时，21世纪前后国家也进行了一轮全国范围的乡镇撤并。

2002年6月，小昆山镇并入石湖荡镇，松江区基层建制由15个进一步缩减为14个。然而，可能由于撤并力度过大，对于人口持续导入、产业持续发展的松江而言，大街大镇的精细化管理难度大幅增加，由此，2007 年小昆山镇从石湖荡镇分出，再次独立，而 2015 年随着全市创新社会治理加强基层建设的“1＋6”文件体系出台，文件中提出对于规模较大的街镇进行析出街道的改革，松江区于 2015 年 7 月，析出方松街道部分区域设立广富林街道（大学城区域都隶属这一新设街道），靠近市中心区的九亭镇，也析出部分区域设立九里亭街道。

表 3－5　2022 年松江区基层政区基本情况

街镇名	面积/km²	常住人口/万人	户籍人口/万人	居/个	村/个	基本管理单元情况		
						单元名	面积/km²	常住人口/万人
岳阳街道	5.65	12.15	7.49	26	0	—	—	—
永丰街道	24.53	12.17	4.09	24	0	—	—	—
方松街道	14.79	13.97	5.63	32	0	—	—	—
中山街道	40.74	12.13	3.98	22	0	—	—	—
广富林街道	19.08	8.50	3.70	15	0	—	—	—
九里亭街道	6.79	9.68	1.80	15	0	—	—	—
泗泾镇	24.54	22.26	4.28	36	0	新凯	3.75	0.5
佘山镇	66.31	10.86	4.19	13	10	—	—	—
车墩镇	50.36	14.53	3.61	7	16	华阳桥	1.3	0.2
新桥镇	35.86	18.42	3.75	24	0	新闵	6.07	0.8
洞泾镇	24.51	8.94	1.65	13	0	—	—	—
九亭镇	24.54	16.19	3.91	27	0	—	—	—
泖港镇	57.62	3.87	3.88	3	16	—	—	—
石湖荡镇	43.38	4.51	2.77	3	10	李塔汇	3.86	1.6
小昆山镇	48.7	4.53	1.79	9	8	—	—	—

续 表

街镇名	面积/km^2	常住人口/万人	户籍人口/万人	居/个	村/个	基本管理单元情况		
						单元名	面积/km^2	常住人口/万人
新浜镇	44.75	2.83	2.62	2	11	—	—	—
叶榭镇	72.49	6.87	5.09	3	13	—	—	—

2. 松江新城的基层政区结构现状与问题

从松江新城来看，新城包含了广富林街道办事处、方松街道办事处、岳阳街道办事处的全部辖区以及中山街道办事处的大部分、永丰街道办事处的大半部分、车墩镇一半左右、小昆山镇部分、石湖荡镇东北部、新桥镇部分、洞泾镇部分、佘山镇部分区域。从目前的新城规划空间范围来看，松江新城包含了松江大学城、老城区、松江枢纽以及城区东西两侧的工业园区以及车墩镇的上海科技影都。

在调研中笔者了解到，车墩镇的劳务市场非常发达，上海 3/4 的劳务市场中介都在车墩，这里号称“华东最大的临时工基地”，与华南最大的临时工基地深圳三和、华北最大的临时工基地北京马驹桥齐名。随着大量流动用工、临时用工的出现，各类小中介、黑中介的治理乱象丛生。如何在新城开发建设过程中，继续规范这一市场的治理，也考验着新城管理机构的智慧，包括如何与车墩镇协同、如何找到规范发展与激发活力的平衡等。

此外，2015 年“1+6”文件出台后，松江区广富林街道从方松街道析出，占地约 8 000 亩的松江大学城全部位于广富林街道辖区内。松江新城是上海新城建设中最早启动并开通地铁的新城，当年的“一城九镇”中的一城即松江新城，而大学城则是松江新城的主要新建城区部分，随着大学城师生的入住以及周边的住宅开发，松江区从精细化管理角度析出了新的广富林街道。从问题看，未来新城东西两翼的产业园区在产城融合发展中，人口导入后的社区治理是否需要强化，并在推动车墩镇和小昆山镇城市化进程后适时进行镇改街道或者析出街道值得进一步探究。

松江区虽然是五个新城所在区中唯一与长三角没有直接毗邻边界的市

辖区，但是其 G60 科创走廊，即沿着 G60 高速路形成的与长三角苏浙皖互动的一体化发展步伐确是最快的。这也一定程度上可以解释，上海推进五个新城建设并不会成为所谓的“马奇诺防线”，进而影响长三角的一体化，因为从新城未来建成角度，即中长期而言，五个新城建设一定会促进长三角一体化。

3. 优化松江基层政区空间结构促进新城发力的政策建议

从街镇单元规模看，随着广富林街道的析出，目前松江新城规划范围内还是合理的，从基层政区治理而言，应从以下几个方面着手推进。

一是九里亭街道的析出给松江东部地区的治理带来了便利，但是也可能导致人口布局的东移，从中长期看不利于松江新城建设独立综合性节点城市。从“朝东看”到“朝西看”是松江发展战略的重大转型，尽管依托中心城区仍有必要，但松江新城作为当年“一城九镇”唯一的新城，其发展基础和条件已很好，有希望在五个新城中率先打造为独立综合性节点城市，即自身作为增长极向长三角辐射。不过目前泗泾镇作为常住人口超过 20 万人的松江最大街镇单元，使得“朝东看”惯性依然强大。当然，这一惯性在成本逻辑下是合理的，因为靠近市中心区，生活交通公共服务的便利度肯定更高，但是这种摊大饼式蔓延的不合理的城市发展模式应予以遏制。

二是松江需推进东西两翼开发区与街镇的协同。松江围绕 G60 科创走廊打造了一条上升为国家战略的高科技产业和产城融合发展廊道。从松江新城建设来看，东西两翼的产业区需要加快推进产城融合，以推进区域的转型升级。在这一过程中，相关街镇社区如何与开发区协同，一方面需要厘清新城规划办、产业园区开发公司与街镇的权责利边界，另一方面要搭建协商联动的体制机制。

三是中山街道、车墩镇和新桥镇可适时探索街镇空间重组。中山街道中部分区域为开发园区，随着新城建设中开发速度的加快，产城融合程度的加深，现有规模可能难以适应，需要提前谋划进行街道辖区规模的调整。此外，要做好车墩镇的城乡建制转化准备工作，车墩的上海科技影都建设加速，将使得车墩的城镇化进程加速，如何在建制管理上适应需要提前谋划。另外，对于新桥镇这样部分辖区划入新城规划范围内的街镇而言，未来松江应强化新城规划范围内外的空间协同，实现街镇的全覆盖属地治理。

（二）嘉定新城的基层政区治理问题与优化路径

1. 嘉定区的基层政区演进

嘉定县在1958年由江苏省整建制划入上海市之前，通过近域切小块方式划入上海市，包括嘉定县的诸翟镇西部、新杨乡和江桥乡部分区域。嘉定由于离市中心较近，加之改革开放前就定位为上海的科学卫星城，因此，改革开放后嘉定县的工业化进程很快，1989年和1990年，嘉定县级财政收入连续2年名列全国第一。在经济和产业发展大踏步的同时，嘉定科学卫星城则由于缺乏总体规划，城市建设、社会管理和公共服务则相对滞后。为此，嘉定县自19世纪90年代初开始考虑借鉴周边昆山县改市等区划调整做法，拟推进县改市。嘉定县政研室在准备材料递交申请后却迟迟未得到回复，后来，他们将这一报告通过《解放日报》以特刊形式发表。特刊一出才得到了明确的回复：中央只同意省、自治区下面可以撤县建市，可以设县级市或地级市，而直辖市下面如果再建市，会造成称谓上的混乱，所以直辖市下面只能撤县建区。后来经过修改，嘉定县政府向上海市政府及民政部正式提出撤县建区的请示报告。

1992年，经国务院特批，嘉定县撤县设区得以实现。1993年4月10日，“上海市嘉定区人民政府”揭牌，在嘉定区第一次人民代表大会后，县人民政府各工作机构的名称一律改为区人民政府工作机构。同年，除原有4个镇外，经上海市政府批准，14个乡先后撤乡建镇，实行镇管村体制，并陆续召开党代会和人代会，完成镇党委、镇政府换届工作，此时嘉定区也进入“无乡发展时代”，全区共有18个镇。至此，嘉定撤县建区工作基本完成。

1995年7月，嘉西镇并入嘉定镇，同年10月，嘉定区首次设立街道办事处，成立了新成路街道和真新新村街道，全区共有2街道17个镇。进入21世纪，嘉定区再次进行了较大力度的基层政区空间重组，2000年望新镇并入外冈镇、方泰镇并入安亭镇、嘉定镇则撤镇设街道；2001年青浦区白鹤镇部分区域划入安亭镇，朱家桥镇并入娄塘镇、封浜镇并入江桥镇、戬浜镇并入马陆镇、曹王镇并入徐行镇、唐行镇并入华亭镇；2003年，娄塘镇并入徐行镇，嘉定区从19个街镇演变为11街镇。2006年真新新村街道更名为真新街道，2009年黄渡镇并入安亭镇。

表3-6 2022年嘉定区基层政区基本情况

街镇名	面积/km²	常住人口/万人	居/个	村/个	基本管理单元情况			
					单元名	面积/km²	常住人口/万人	户籍人口/万人
新成路街道	5.16	6.35	11	1	—	—	—	—
真新街道	5.08	10.90	18	0	—	—	—	—
菊园新区管委会	18.67	11.90	21	3	—	—	—	—
嘉定镇街道	4.09	7.31	17	0	—	—	—	—
南翔镇	33.14	21.35	25	8	东社区	4.62	2.9	0.6
安亭镇	89.08	25.56	30	42	黄渡	34.14	9.2	2.9
马陆镇	57.25	26.05	37	14	戬浜	24.28	5.3	1.9
					嘉定新城	21.34	7.7	2.2
徐行镇	104.8	19.56	13	24	朱桥	3.93	2	1.3
华亭镇	39.44	3.96	3	10	—	—	—	—
外冈镇	50.93	8.33	5	19	—	—	—	—
江桥镇	42.33	31.28	41	16	金鹤新城	5.4	8.2	1
嘉定工业区	13.13	5.68	10	6	—	—	—	—

2. *嘉定新城的基层政区结构现状与问题*

嘉定新城是离市中心区最近的新城，因此它在接受中心城区辐射更为便利的情况下开发建设速度也较快，新城建设成熟度也较高。从嘉定新城规划范围来看，嘉定镇街道、新成路街道全部区域在新城范围内，徐行镇部分区域（嘉定工业区北区）、菊园新区（街道筹）大部分区域，马陆镇半数区域，安亭镇部分区域，南翔镇部分区域、外冈镇部分区域纳入新城，嘉定新城的空间范围并非完全相连，安亭枢纽作为新城的功能连接区以“飞地”形式纳入新城规划范围。

从嘉定新城的基层政区结构体系的潜在问题来看，包括三个方面。

一是菊园新区的规范化管理问题。菊园新区管委会的成立有其历史原因，一方面是 19 世纪 90 年代中后期住房分配制度改革后房地产市场兴起，另一方面随着 1993 年嘉定县改区，使得嘉定在经济社会大发展中除了工业园区的建设外，也通过住宅小区的开发来促进区域发展。菊园小区管委会的功能是统筹协调菊园（最大的特点是地被绿化以菊花为主）地区的房地产开发建设及其配套产业发展。在随后的发展中，菊园地区一直以管委会的形式被管理。2000 年 11 月，鉴于功能定位变化以及与浦东的“菊园小区”重名等因素，嘉定区政府将菊园小区管委会更名为菊园新区管委会，并增挂菊园新区街道办事处（筹）牌子；同年 12 月，嘉定区政府又将嘉定区菊园小区工作委员会更名为嘉定区菊园新区工作委员会。截至 2021 年 5 月底，菊园新区管委会面积达 18.61 平方千米，下辖 3 个村委会、21 个居委会，实有人口 12.35 万人。尽管管委会与街道办事处的职能都能覆盖，但其不属于法律上的行政建制，仅为区政府的派出机构，由于与其他开发区管委会不同，菊园新区管委会更多的是履行社会治理、公共服务等社区管理职能，而由于缺乏相应的行政主体资格，在居委会设立、撤销、合并等方面与其他街道办事处仍有差异，不利于行政区划的规范化管理。此外，村级集体经济组织的管理也有待完善。当然，由于上海目前对于街道办事处的招商和经济职能是淡化的，将管委会改为街道办事处可能对菊园的发展有一定影响，因此，如果进行街道化转制，管委会仍可保留部分特色化机构，以利于区域的整体发展。

二是嘉定开发区的规范化管理问题。嘉定工业区总面积达 78.05 平方千米，下辖 20 个村委会、18 个居委会和 4 个居委会筹备组。截至 2021 年 5 月底，该地实有人口 174 636 人。区域内涉农的村有 16 个，总耕地面积为 42 700 亩，其中粮食种植面积为 18 000 亩左右，约占全区粮食种植面积的 1/4。尽管开发区管委会体制在应对经济社会发展，特别是社区管理和公共服务上还较为顺畅，但是从规范性角度而言，与前述菊园新区问题相同，就是它不是一级行政建制，没有相应的管理权限，包括在居委会的设立、撤销、合并等方面不能与街镇一样进行申报、审批和管理。此外，就行政区划的全覆盖法律要求而言，开发区管委会这种准行政区方式还是有其制度隐患。

三是马陆镇和安亭镇等与新城管理机构的协调问题。马陆镇一方作为基层行政建制，也加挂了“嘉定新城管委会”牌子，即区政府派出机关与镇合署办公。但是，嘉定新城的范围远远不止马陆镇的辖区范围，特别是最新的嘉定新城规划范围更是大为拓展。未来嘉定新城在设计管理架构时，如何处理好现有嘉定新城管委会牌子的问题，仍需要研究。此外，安亭镇有一小块作为新城延伸的安亭枢纽，在建设和后续管理中如何理顺与安亭镇的关系也是需要关注的问题。

3. 优化嘉定基层政区空间结构促进新城发力的政策建议

一是嘉定区政府应推动“三区融合”，处理好新城规划区、嘉定工业区与街镇社区的关系。目前嘉定区成立了新城开发领导小组，办公室设在嘉定区规划与自然资源局，这一领导小组办公室与马陆镇的嘉定新城管委会之间的关系需要理顺。此外，嘉定新城规划范围将一些街镇一分为二后如何来保障协同治理问题，特别是规划范围内土地出让问题，出让金的市级部分返还 50%，这对街镇治理中处理好一个建制两种土地政策问题提出了挑战。未来应更好与街镇沟通好规划范围内外的边界以及相关的政策，并为街镇内部分化发展可能带来的社会治理难题提前谋划，制订应对方案。

二是嘉定区政府应适时推进菊园新区的街镇筹建。尽管目前菊园新区在实际管理中并没有非常紧迫和突出的制度障碍，除了村改居或设立居委会等存在一定的制度障碍，其现有制度架构还可以兼顾经济发展与社会治理。在调研中，菊园新区社建办的负责人提到，目前菊园新区政府部门在推进“全员招商”，而这一制度安排也得益于目前的体制，因为作为街道办事处是没有直接的经济发展职能的，最多是从安商稳商以及优化营商环境角度来开展经济发展方面的工作。然而，随着新城建设中产业和人口的快速导入，其制度的不适应性、不规范性可能凸显，一方面经济发展职能越来越与社会治理和公共服务相关，例如现代服务业的发展、招商引智的人才服务等；另一方面，随着辖区内经济开发空间的饱和，辖区的主要任务也将进一步向公共管理、公共服务和公共安全转移。因此，嘉定区政府有必要从依法行政和区域转型的角度，及时将菊园新区的街道化转制提上议事日程。

三是嘉定区政府应前瞻谋划嘉定工业区的政企分开、经社分开和建制规范化。嘉定工业区作为目前较为独立的运作单元，其对于园区内社会事务和公共服务的治理在法律上缺乏规范性，虽然在实际运作中并无大碍，但随着新城的快速城镇化，现有政企合一的体制以及村改居等政区工作开展的矛盾将进一步凸显。此外，嘉定工业区与周边街镇的协同，特别是街镇作为法定基层政区，可能存在一地两府的矛盾，即园区空间在法律上归入相应的街镇，例如徐行镇等，但实际管理归属工业区管委会。因此，嘉定区政府需要将嘉定工业区管委会政企分开、经社分开、村居分开的改革提上议事日程。

（三）青浦新城的基层政区治理问题与优化路径

1. 青浦区的基层政区演进

青浦也是1958年由江苏省整建制划入上海的，而在1958年之前，青浦县七宝镇也在中华人民共和国成立后划入上海。青浦县划归上海后，行政区划一直相对稳定，1993年后开始了乡改镇的调整，1993年12月，由4镇17乡调整为14镇7乡，1994年有5个乡改为镇，1995年实现了全县20镇的格局。1999年青浦撤县设区，并于第二年进行了大规模镇镇合并，例如，环城镇并入青浦镇、香花桥镇并入重固镇、大盈镇并入赵屯镇等，8个镇被合并，全区仅有12镇；2004年，青浦区在继续推进镇合并的同时也开始了镇改街道的调整，包括撤销青浦镇设立夏阳和盈浦两个街道，重固镇析出香花桥街道，商榻镇和西岑镇并入金泽镇，赵屯镇并入白鹤镇，由此，青浦区基层政区形成3街道8镇的格局。

表3-7　2022年青浦区基层政区基本情况

街镇名	面积/km^2	常住人口/万人	户籍人口/万人	居/个	村/个	基本管理单元情况			
						单元名	面积/km^2	常住人口/万人	户籍人口/万人
夏阳街道	34.55	14.12/	6.03	24	8	—	—	—	—
盈浦街道	17.11	13.41/	5.27	28	5	—	—	—	—

续　表

街镇名	面积/km²	常住人口/万人	户籍人口/万人	居/个	村/个	基本管理单元情况			
						单元名	面积/km²	常住人口/万人	户籍人口/万人
香花桥街道	69.45	8.92/	3.82	13	22	香花桥	35.38	4.8	6
朱家角镇	138.2	8.83	6.23	15	28	沈巷	41.8	3.4	2.2
练塘镇	93.66	5.63	5.43	5	25	蒸淀	22.1	2.1	1.3
						小蒸	21.45	2	1.2
金泽镇	108.4	5.43	6.24	5	30	商榻	33.23	2.8	2.6
						西岑	44.99	2.4	2.3
赵巷镇	37.21	12.88	3.22	17	8	新城一站大居	5.52	4.01	1.6
徐泾镇	38.59	21.03	4.38	18	9	徐泾北	7.50	2.93	0.52
华新镇	46.51	21.37	3.97	12	19	凤溪	23	7.9	1.9
重固镇	27.31	5.74	2.08	4	9	—	—	—	—
白鹤镇	57.63	9.91	4.81	5	21	赵屯	24.3	3.4	1.3

2. 青浦新城的基层政区结构现状与问题

青浦新城的基层政区包括了香花桥街道大部分、盈浦街道大部分、夏阳街道一部分区域，赵巷镇、重固镇、朱家角镇、白鹤镇的一部分区域。青浦区从区域划分来看，青东为徐泾镇、华新镇、赵巷镇、重固镇、白鹤镇五镇，青西为金泽镇、朱家角镇、莲塘镇三镇，青中为香花桥街道、盈浦街道、夏阳街道三街道。

从战略对接和承载而言，青东是对接“虹桥国际开放枢纽”国家战略，青西是对接“长三角生态绿色一体化发展示范区”国家战略，青中则主要承载青浦新城的开发建设战略。从战略布局看，似乎青浦新城的战略地位还不如西虹桥和示范区，这也对青浦新城在人口集聚和产业发展目标上可能会有所影响。

从2012—2018年的青浦区人口空间布局变化来看，由于青东地区紧靠中心城区，加上西虹桥的国家战略，人口自东向西移动的趋势还是较为明显的。如以西虹桥涉及的青东三镇作为一个板块，如图3-1所示，可以明显看出其比重在不断提升。青浦新城2035年要达到百万人口，它应该是除南汇新城以外压力最大的新城。尽管人口和产业导入可能由于战略布局的分散性而产生一些负面影响，但新城区域仍将借助成熟的城市化基础、优质的公共服务资源和独特的文化资源而快速发展。因此，目前基层政区结构体系仍会受到来自新城要素快速导入带来的冲击，而夹杂着历史遗留的政区问题，使得青浦新城基层政区结构体系优化仍是一个有价值的命题。

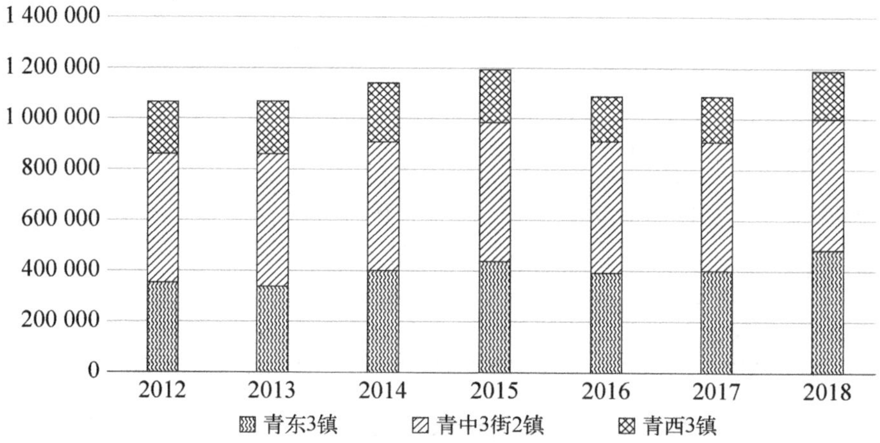

图3-1　青浦区东中西区域的人口分布图

从问题导向而言，目前涉及青浦新城的基层政区治理难题包括：一是香花桥街道的规模问题；二是赵巷镇的空间分割问题。香花桥街道目前是上海全市面积最大的街道办事处，辖区面积为69.45平方千米，且辖区内有13个居民委员会和22个村民委员会，不仅是一个涉农镇，而且其农村型建制数量大大超过城市型建制数量，且辖区内还有大片农田。这对于一个街道办事处而言，有点"名不正言不顺"，且不利于香花桥街道的精细化管理，因为面积过大，管理服务人员配置不足，公共服务的可达性比较差。而赵巷镇目前由两块不连续空间区域组成，且镇政府位于两块飞地边界处，与香花桥街道仅一路(赵重公路)之隔。在实地调研中,镇政府也表示对于街镇边界处的治理,常常由于权责不清,给“五违四必”整治、重大公共卫生突发事件防控等造成了一定的影响。

以上两个基层政区的奇特景象,究其原因,与青浦开发区的设立以及2000年大规模的乡镇撤并有较大关系。1999年,青浦未进行大规模乡镇撤并时,重固镇面积为35平方千米(目前重固镇面积27.31平方千米,是青浦区最小的镇),远大于当时的香花桥镇。2000年,青浦区在撤县设区后有8个镇被撤并,其中香花桥镇(撤销)并入重固镇(大镇)。1995年,随着青浦工业园区(上海市市级工业开发区)的建立,其空间主体位于重固镇,并有一小块长条区域切入赵巷镇,并将赵巷镇一分为二。后来,由于开发区管委会管辖基层社会事务存在不规范性(当时是管委会下成立了一个社区管理委员会,实行类似街镇的管理模式),为推进依法行政(2004年3月,国务院发布《全面推进依法行政实施纲要》,正式确立了建设法治政府的目标),青浦区2004年在对青浦开发区和相关街镇进行详细调研的基础上,决定将开发区区域(56平方千米)转为基层政区管理,而这一区域大部分位于原来的香花桥镇,也有部分位于原重固镇(新重固镇为原重固镇与香花桥镇合并的区域)和赵巷镇。在笔者调研中,香花桥街道社区管理负责人表示,当年区里是想重新从重固镇划出并恢复香花桥镇,但市里调研后考虑到开发区会加速产业开发和人口导入,并且进行行政区划的“回潮式”调整,即在香花桥镇并入重固镇后又重新恢复香花桥镇,可能存在否定之前决策的不妥。因此,市里也认为,可以在开发区空间基础上设立新的街道办事处,即在恢复香花桥建制的同时设立香花桥街道办事处。由此,上海市最大的街道办事处成立了,由于青浦开发区东南区域之前属于赵巷镇,随着香花桥街道的成立,这部分区域也纳入香花桥街道范畴,而这一划分也造成了本是连续空间的赵巷镇出现了一分为二的空间格局。

3. 优化青浦基层政区空间结构促进新城发力的政策建议

一是青浦区应从赵巷镇适时析出街道办事处。赵巷镇由于青浦工业园区的设立以及政企分开改革,其辖区空间被一分为二,目前西片大型居住社区(后文简称大居)人口导入较快,并设立新城一站大居基本管理单元,未来在新城建设加速的趋势下，赵巷镇有必要依托大居的基本管理单元建设析出街道办事处。一方面该镇有基本管理单元建设的基础，且面积规模适中（面积为5.52平方公里，2018年常住人口为4.01万人，户籍人口为1.6万人）；另一方面析出街道办事处也是有效解决大居治理以及赵巷镇区分割管理等挑战的路径。

二是青浦区应将香花桥街道适度划小。香花桥街道作为上海面积最大的街道，其形成有历史原因，且目前大部分区域为青浦开发区地界范围，中部地区企业较多而居住区以农村老集镇为主，即虽然是街道办事处架构，但内部居住空间仍有较大面积的村镇形态（街道内居民委员会数量为13个，村民委员会数量为22个，这比一般建制镇的村居比例还要高）以及入驻企业的职工宿舍。随着辖区南部新城中央商务区的加速建设，街道办事处的城市化速率加快的同时，城市化面积和城市化质量也将提升。目前香花桥街道设立香花桥基本管理单元，面积为35.38平方公里，2018年常住人口为4.8万，户籍人口6万。然而，根据2020上海行政区划手册，2020年该街道共有3.82万户籍人口，8.92万常住人口，2004年常住人员13万（4.2万户籍人口），2010年常住人口10.68万。未来青浦区可在新城中央商务区周边的新兴居住区析出街道，以适应商务区发展和管理的需求，并同时起到划小香花桥街道的目的。当然，目前香花桥街道中部大量区域为产业创新园区，由园区管委会负责招商引资和园区土地开发，香花桥街道可探索推进街管联动的管理体制，发挥园区和社区的各自优势，以幸福社区发展促园区转型升级，以园区经济发展促社区公共服务质量提升。

三是青浦区应推进“三区融合”以协同各方主体，形成发展合力。政府可通过推动新城城区—产业园区—幸福社区的三区联动和融合，发挥好新城开发办顶层设计、政策优惠、规划引导的功能优势，激发产业园区的经济驱动、就业支撑、土地开发的功能优势，发挥幸福社区的社会治理、公共服务、公共安全的保障优势，让新城开发形成合力。对于基层政区而言，通过幸福社区的打造提升新城区域的幸福感和安全感，在托住基本保障的基础上，让产业企业、创新创业、项目开发、功能建设能更好发挥其活力和动力。

(四) 奉贤新城的基层政区治理问题与优化路径

1. 奉贤区的基层政区演进

奉贤也是 1958 年由江苏省整建制划入上海的，除 1966 年松江县漕泾公社黄沙、花园、南迎龙 3 个大队划归奉贤县外，其区域面积基本未有大的变化。2001 年，奉贤撤县设区，成为除了崇明区外最晚撤县设区的县(同年南汇县也撤县设区，但 2009 年南汇区并入浦东新区)。

从奉贤区的基层政区演进来看，1993 年奉贤县下辖 2 镇 20 乡；1994 年经历了大规模的乡改镇，16 个乡改为镇；1995 年，进入“无乡时代”。2002 年，随着全国和上海大规模的乡镇撤并，奉贤县在 2001 年撤县设区后也缩减了 8 个镇；2003 年又继续撤并了 8 个镇，基层政区格局从 22 镇调整为 8 个镇，撤并了 2/3 的建制镇。当然，这一时期，在“市区体现繁荣繁华、郊区体现市里水平”的战略部署下，奉贤区也陆续成立了上海奉贤现代农业园区(现在金海街道辖区范围为主体)和奉浦工业区(现在奉浦街道辖区范围为主体)，并实行在开发区管委会下设社区管理办来代管辖区内的社区事务，例如奉浦工业区的奉浦社区和奉贤现代农业园区的金海社区，因此，从奉贤区实际的基层治理主体而言，是“8 镇＋2 开发区代管社区”的模式，这也为日后连续析出奉浦街道和金海街道埋下了伏笔。

2015 年，随着上海市“1＋6”文件中对析出街道的支持以及前期开发园区政企分开改革后社区的独立，奉贤区的超大镇南桥镇连续析出 3 个街道，分别是 2015 年 11 月设立西渡街道(原西渡镇部分区域)、2016 年 7 月设立奉浦街道和 2019 年 12 月设立金海街道。由此，奉贤区基层政区结构演变为“8 镇＋3 街道”的全新格局。

表 3－8　2022 年奉贤区基层政区基本情况

街镇名	面积/km^2	常住人口/万人	户籍人口/万人	居/个	村/个	基本管理单元情况			
						单元名	面积/km^2	常住人口/万人	户籍人口/万人
西渡街道	30.37	11.06	3.88	10	8	泰日	43	5.6	3.1

续 表

街镇名	面积/km^2	常住人口/万人	户籍人口/万人	居/个	村/个	基本管理单元情况			
						单元名	面积/km^2	常住人口/万人	户籍人口/万人
奉浦街道	15.51	6.08	1.98	13	5	—	—	—	—
金海街道	18.49	4.81	1.53	11	9	—	—	—	—
南桥镇	50	26.28	7.95	40	11	—	—	—	—
奉城镇	109.91	14.65	9.15	15	41	头桥	38.4	6.5	2.7
四团镇	108.4	5.43	6.24	5	30	平安	2.24	2.24	0.7
赵巷镇	72.96	9.57	6.50	10	26	—	—	—	—
柘林镇	99.05	8.05	5.61	10	16	胡桥	3.10	2.10	0.8
庄行镇	69.9	6.30	4.65	6	16	—	—	—	—
金汇镇	71.71	10.86	5.67	13	18	—	—	—	—
青村镇	73.15	10.19	5.27	9	24	钱桥	2.30	2.07	1.05
海湾镇	122	2.98	1.27	8	0	—	—	—	—

2. 奉贤新城的基层政区结构现状与问题

奉贤新城虽然在五个新城中区位条件和发展基础有所不足，但近年来，随着东方美谷、九棵树、浦江第一湾等重大功能项目的建设，奉贤新城的后发优势明显，呈现跨越式发展的态势。

从目前规划的奉贤新城范围来看，包括了奉浦街道全境、金海街道大部分以及南桥镇、金汇镇、青村镇和西渡街道的部分区域。基层政区结构体系上可能在新城加速建设开发趋势下存在的挑战主要包括以下几个方面。

一是新城动迁社区内居委会和村委会的双重治理问题。在调研中，笔者了解到在新城内有不少动迁社区，由于村委会并未撤销，原有村民虽然已经“洗脚上楼”，但仍通过集体资产或者户籍、宅基地等关系与原村委会保持着管理与被管理的关系。例如在换届选举中，居民可以选择在现居住的社区居委会登记投票，也可以选择在原村委会登记投票，当然由于原来的村委会其实已无相应的土地，并且与村民现在居住的社区距离较远，有些村委会甚至已经脱离原有村庄搬到租赁的商务楼办公，这也给动迁社区居委会的管理服务带来一定的难度。与此同时，由于动迁社区内动迁房在一定年限后可以交易，不少新上海人在购置动迁房后进入动迁社区，新入住的居民与原动迁村民之间在社区管理和服务上有不一样的需求，并且还涉及原动迁村民群体与新入住社区居民的社会整合，这些都给社区治理带来了挑战。

二是开发区与街道社区的融合问题。在开发区管委会政企分开后，原有社区管理事务，包括企业服务事务都划归至新成立的街道办事处。但由于辖区内企业在最早入驻或成立时更多的是与开发公司管理机构和工作人员打交道，在路径依赖情况下，他们更愿意仍与开发公司打交道，即使是公共管理或服务事务也是如此。正如在笔者调研中，街道工作人员提到的“就像孩子一般将出生第一眼看到的人认作父母一样，辖区内的企业更愿意与开发公司打交道”。这也对新成立的街道办事处的安商稳商工作提出了挑战。

三是新设街道办事处在办公用房、人员配置、社区治理经验上往往还存在一些挑战。例如，在实地调研中，笔者了解到奉贤新城新设的 JH 街道一直无法落实政府办公用房问题，而是临时租赁在开发商住宅小区的共建配套用房内；其组成人员上也是来自各个部门，往往缺乏城市社区治理的经验，包括社区社会组织的培育、社工队伍建设等。然而，随着新城开发的推进，居民导入加快、产城融合加速，都对新设的、郊区型的街道办事处提出更高的城市社区治理要求，而本就先天不足的街道办事处可能面临更大的基层治理挑战。

3. 优化奉贤基层政区空间结构促进新城发力的政策建议

奉贤新城在陆续析出三个街道并理顺开发区管理体制后，在街镇规模上是基本到位的，核心的问题还是前文提出的如何在村居融合、城乡融合以及强化社区治理能力上下功夫，而新城规划区与街镇的协同、新城规划区与奉贤区的协同、新城规划区与浦江第一湾开发的协同、新城规划区与自贸区新片区奉贤区域的协同是主要问题。因此，笔者从以下三方面提出对策建议。

一是奉贤区应强化新设街道办事处的社区治理能力。因地制宜深化推进镇管社区和街管村体制，一方面相关政府部门应在集体资产妥善处理的基础上，加快推进村改居进程，解决动迁社区内居住人员的双重管理难题；另一方面，加强新设街道各类服务设施和办公场所的优化配置，逐渐从过渡用房搬至相对固定的物业。

二是奉贤区应推进街镇区域与新城规划区的协同。在新城办的组织架构搭建中，笔者建议让相关街镇负责人也参与其中，从体制机制上为规划区与社区的协同做好保障。

三是奉贤区应推进街镇与开发区的协同。相关政府部门可以参考浦东新区的“管镇联动”模式，通过街镇与开发区的人员交叉任职、功能相互支撑、财政转移分成等方式，实现新城开发治理一盘棋的目标。

（五）南汇新城的基层政区治理问题与优化路径

南汇新城可以说是五个新城中最为特殊的一个新城，既因为其受自贸区新片区等国家战略的影响，也包括它复杂的空间治理关系和特殊的政策体制。

1. 原南汇区的基层政区演进

南汇县也是1958年划入上海的，2001年和奉贤县一起进行了撤县设区，南汇区在21世纪后随着洋山深水港和临港地区的开发建设，其行政中心曾从惠南镇迁到临港地区，即现在的南汇新城，南汇新城曾称临港新城，南汇区在2009年并入浦东新区后，考虑到对南汇这一地名的保护，遂将南汇区时期的临港新城更名为南汇新城。

2003年，南汇区19个镇通过撤并形成14个镇；2006年11月，南汇区第一个街道，申港街道在临港新城成立；2009年南汇区（1街14镇）并入浦东新区。南汇区北部是东西向乡镇撤并，新镇的行政中心放在西面；南部是南北向乡镇撤并，新镇的行政中心东南部的放在南面，西南部则放在北面。

随着2009年并入浦东新区，惠南镇的地位下降，临港新城则由于洋山深水港建设以及自贸区建设，区域重要性不断提升，浦东新区甚至提出过

"挥师南下，决战临港"。在基层政区结构的调整上，2012 年 11 月，上海市政府批准《上海市人民政府关于同意浦东新区部分行政区划调整的批复》（沪府〔2012〕89 号），浦东新区撤销申港街道、芦潮港镇建制，调整老港镇部分行政区划，合并设立南汇新城。经调整后，原南汇区申港街道管辖范围东至环湖东一路、南至海港大道、西至沪城环路、北至白荆路，区域面积达 22 平方千米，东临东海，西临芦潮港镇，北临书院镇。

2. *南汇新城的基层政区结构现状与问题*

南汇新城的空间范围由于区划变动以及多重国家战略叠加，空间关系较为复杂，包括了多个空间。最早的临港新城范围是 298 平方千米，随着奉贤园区的加入，拓展到 315 平方千米，奉贤园区二次拓区后面积增长到 343.4 平方千米，并更名为南汇新城；南汇新城、洋山深水港以及浦东机场南侧区域，构成了 386 平方千米的临港开发区管委会管辖范围；这块管辖范围加上大治河和金汇港围合的区域，共计 873 平方千米，构成了自贸区新片区的范围；南汇新城南部区域、洋山深水港以及浦东机场南侧区域构成自贸区新片区先行启动区 119.5 平方千米。

从基层政区而言，南汇新城区域由南汇新城镇（152.23 平方千米）、万祥镇（23.14 平方千米）、书院镇（54.2 平方千米）、泥城镇（59.27 平方千米）以及老港镇、惠南镇、大团镇、奉贤区四团镇和海湾镇部分区域共同构成。

从目前的基层政区管理问题看，其核心是南汇新城镇与中国（上海）自由贸易试验区临港新片区管委会和浦东新区的协调治理问题。此外，占地 873 平方千米的自贸区新片区中还涉及奉贤区的四团镇、海湾镇、奉城镇、金汇镇、青村镇以及闵行区的浦江镇，这些镇不仅被划入部分区域受新片区管委会管理，而且在区级层面还需要与浦东新区协调。特别是作为南汇新城一部分的奉贤区四团镇、海湾镇、奉城镇三镇需考虑如何在未来产业和人口导入中协调好城内和城外的问题。在浦东新区层面，老港镇等被南汇新城切割，镇部分辖区在新城范围内，部分在其范围外，因此也存在跨界管理问题。

从省级层面而言，大小洋山港虽然曾经在 19 世纪 60 年代划入过上海市，但是后来又复归浙江省，目前的合作模式是在不进行行政区划调整的情况下，开展跨省合作，包括两地港口开发集团之间的合作。例如，2019年2月19日，上海国际港务(集团)股份有限公司与浙江省海港投资运营集团有限公司签署《小洋山港区综合开发合作协议》。

3. 优化南汇基层政区空间结构促进新城发力的政策建议

根据以上多方面的分析，笔者首先从顶层设计的角度给出浦东基层政区改革的一个总体方案。按照“小政府、大社会”的基本要求，以及实质性扁平、建制类型高度匹配、基层民主充分发育的原则，未来浦东可在新区政府之下，设立三类次级管理区域，即大街区管委会、大开发区管委会和大市镇管委会，下设社区委员会，管理居委会和村委会，形成“一级政府两级管理、一级政府三级管理和两级政府三级管理”的混合式基层政区管理体系(见图3-2)。

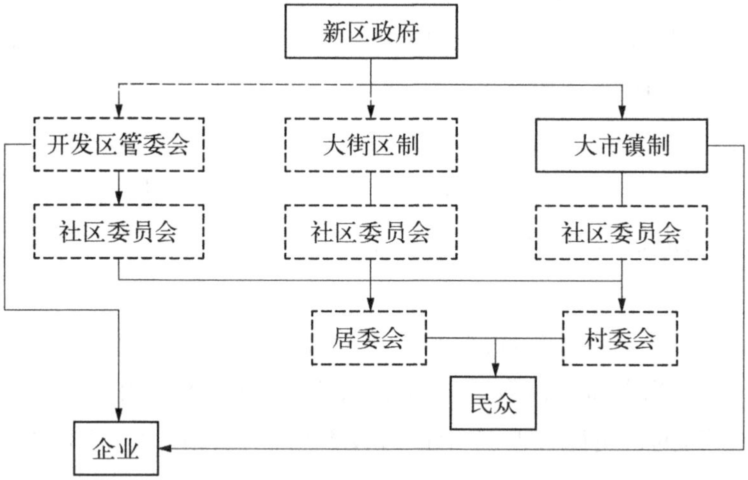

图3-2 浦东基层政区改革总体目标方案示意图

资料来源：刘君德，马祖琦，熊竞. 中央直辖市政区空间组织与制度模式探析：理论架构、比较分析及实证研究[M]. 南京：东南大学出版社，2012.

首先，考虑到方案可能无法一步到位，有些行政单元可设计相应的过渡性方案(见表3-9)。在这一方案中，浦东新区直接面对的次级政区是12个，管理幅度大为精简；而从层级幅度看，真正的政府最多也就两级，其他派出机构在政府管理体制不断创新的基础上，也将更加虚化，甚至取消；从建制类型看，方案针对浦东多类型区域的发展匹配了相应的街区、开发区和市镇类型，有利于各个区域因地制宜地发展；从行政级别看，重点区域的级别相应升格，开发区则仍采用副区长兼任的方式，以提高其资源统筹能力。当然，就远期方案而言，在浦东开发已30多年，上海国际金融、航运中心也基本建成，此时的浦东也将进入城市化基本完成的成熟发展期。随着开发区产城融合程度日益加深，浦东应构建“大浦东联盟—小区制”体制架构，即在大浦东层面，也实行以半行政半社会的治理联盟。一方面是各小区制政府负责人作为市政府派出机构组成大浦东联盟中的政府组织；另一方面是由大型开发公司代表人等组成的社会组织，共同协商统筹浦东的战略规划、重大发展事项。

表3-9　浦东基层政区改革的具体方案设计

名　称	管理范围	行政级别	层级结构
2—大街区制			
陆家嘴	陆家嘴、潍坊新村等浦东滨江10个街道	副局级	过渡时期为：大街区—社区(街道)—居委会 终极目标：大街区—小社区(按照2～3平方公里规模拆分街道)
三林	三林镇、北蔡镇、东明路街道、世博地区管理办公室	副局级	过渡期为：大街区—社区(街道)、镇公所、世博地区管理办公室(经济审批职能在市和新区) 终极目标：大街区—小社区(按照2～3平方公里规模拆分街道)、世博办
5—开发区制			
陆家嘴金融城	小陆家嘴及周边区域	区属区管	实行多方治理、议事—决策—操作三分开的体制。议事委员会包括政府和金融机构的代表，以及楼宇业主、商家、居民等；决策委员会由政府机构、监管部门、有一定威望的金融业界人士等组成；改组现有金融贸易区管理委员会，组建金融城管理委员会，作为陆家嘴金融城的执行机构和行政机关

续 表

名 称	管 理 范 围	行政级别	层 级 结 构
上海综合保税区	高东、高行、高桥与外高桥保税区；机场综合保税区；洋山保税港区	市属区管	在外高桥实行代管镇及森兰社区体制，近期实行开发区—园区社区管委会、镇公所；远期实行开发区（可逐步行政化）—社区委员会
金桥出口加工区	金桥出口加工区（含南区）、南汇工业园区、川沙工业园区等，以及金桥镇、曹路镇	区属区管	在国家级金桥出口加工区实行代管镇体制，近期实行开发区—园区社区管委会、镇公所；远期实行开发区（可逐步行政化）—社区委员会
张江高科技园区	张江高科技园区（含康桥工业区和国际医学园区）、张江、唐镇、合庆镇、周浦镇、康桥镇	市属区管	全面实行开发区代管镇的体制，近期实行开发区—园区社区管委会、镇公所；远期实行开发区（可逐步行政化）—社区委员会（镇之间可进行撤并）
临港主产业区	临港主产业区，万祥镇、书院镇、泥城镇、芦潮港镇等	市属区管	全面实行开发区代管镇的体制，近期实行开发区—园区社区管委会、镇公所；远期实行开发区（可逐步行政化）—社区委员会（镇之间可进行撤并）
5—大市镇制			
川沙新镇	川沙除机场外的6个社区居委会加原六灶镇	副局级	近期实行镇管社区，镇—社区委员会—居、村，随着城市化进程的推进，实行村改居，并上收居村行政职能，形成镇—社区的架构
惠南新镇	惠南镇、宣桥镇、大团镇、老港镇	副局级	近期实行镇管社区，镇—社区委员会—居、村，随着城市化进程的推进，实行村改居，并上收居村行政职能，形成镇—社区的架构
祝桥	川沙功能区原机场镇、南汇祝桥镇	副局级	近期实行镇管社区，镇—社区委员会—居、村，随着城市化进程的推进，实行村改居，并上收居村行政职能，形成镇—社区的架构
南汇新城镇	南汇新城镇、泥城镇、书院镇、万祥镇	副局级	落实新城管委会的职能，一步到位地实行新城—社区委员会的管理体制

续　表

名　称	管 理 范 围	行政级别	层　级　结　构
航新	航头镇、新场镇	副局级	近期实行镇—居村、古镇管理办公室，远期形成镇—社区的架构

资料来源：刘君德，马祖琦，熊竞. 中央直辖市政区空间组织与制度模式探析：理论架构、比较分析及实证研究[M]. 南京：东南大学出版社，2012.

其次，从南汇新城具体的区划调整来看，主要问题是政府相关部门需进一步明确南汇新城的治理定位，特别是其与浦东新区和南汇新城管委会之间的关系。南汇新城镇的专名也比较特殊，有通名专名化的不协调倾向。此外，随着临港主城区城镇化进程的加速，南汇新城镇的规模也需要逐步调整，具体操作路径上可围绕芦潮港和申港 2 个基本管理单元进行析出街道的改革政策储备。

第五节　居民区空间适度规模设置的优化路径：以上海市闵行区浦锦街道为例

合理设置社区居委会，是构建共建共治共享社会治理格局和实现城市精细化管理的重要举措，特别是对于处在快速城镇化进程中的上海这座超大城市的郊区而言，优化居民区空间适度规模、合理规划居民区委员会的增设合并、强化居民区公共服务设施配置等都是强化基层治理的重要内容。本节通过理论分析、实践调研和 GIS 技术应用，对浦锦街道的居民区设置进行了翔实而系统的分析，在问题剖析基础上，给出了因地制宜推动街道居民区的幅度规模、人口规模和空间规模的调整设置，居民区治理的精细化、精准化的调整思路，并提出了强化顶层设计、优化存量配置、高点增量建设、服务跨界整合、强化业务培训等居民区设置措施。

一、路径优化的逻辑起点：三镇合一然后析出街道

原浦江镇由原陈行镇、杜行镇和鲁汇镇 3 个镇合并而成。原镇域面积

突破 100 平方公里，达到 102.1 平方公里，常住人口约 35 万人。截至 2024 年底，全镇有村委会 12 个、居委会 26 个，是上海最为典型的特大镇。而随着人口城镇化的推进，这一区域还将继续导入人口，常住人口的总量以及城市居民数量仍在不断增长，而特大镇所导致的管理资源配备严重不足、公建配套设施严重不足使得浦江地区仅仅设置浦江镇这样一个建制镇来管理和提供服务出现了诸多挑战。

(一) 街道变迁过程

2014 年 11 月，由上海市委、市政府开展的“创新社会治理，加强基层建设”一号课题完成，并印发了《关于进一步创新社会治理加强基层建设的意见》(沪委发〔2014〕14 号)及其配套文件(以下简称“1＋6”文件)。其中，文件进一步明确了“街道、乡镇和居村是基层社会治理的主阵地”，并提出了“对城市化地区与中心城区或新城连接成片区、边界清晰、市政基础设施和基本公共服务设施完善，达到一定面积和人口规模，基本完成农村集体经济组织产权制度改革、村组撤制的区域，区县要积极推进析出街道工作”的具体要求。在上述要求下，为贯彻执行“1＋6”文件精神，同时，也为解决上海市基层治理中区划困境，上海市普陀区、闵行区、松江区、奉贤区等区相继开展了“析出街道”项目，将大镇中城市化率较高的地区在边界清晰等条件要求下进行析出。

浦锦街道的成立正是基于自身发展矛盾与制度改革要求两方面的因素而组建成立的。《上海市人民政府关于同意建立浦锦街道办事处的批复》(沪府〔2015〕44 号文件)指出，市政府同意建立浦锦街道办事处。具体批复内容如下：浦锦街道办事处行政区域范围为东至浦星路，南至丰收村和亭子村南面现有村界，西至黄浦江，北至浦东新区范围；面积约 23.99 平方公里，其中集中建设区面积约 13.2 平方公里，非集中建设区约 8.6 平方公里，另黄浦江水域面积约 2.2 平方公里；规划总人口约 15.9 万人，常住人口 11.5 万人，居民户数 2.9 万，下设 21 个居委会，辖 10 个村；浦锦街道办事处驻地暂为浦锦路 1246 号。

(二) 居民区空间分布现状

由于居委会的数量较多，为更为精细化地对居委会相关情况进行排摸，也为了更好地加强对居委会的指导，浦锦街道根据居委会的空间布局、人群结构、社区特点等要素，将 21 个居委会划分为三大板块。具体的板块划分如表 3－10、表 3－11 所示。

表 3－10　浦锦街道 2024 年居民区三大板块划分现状

板　块	居 委 名 称	居 委 地 址	常住人口/人
商品房板块	一品漫城一居委	芦恒路 128 弄 71 号	4 088
	一品漫城二居委	芦恒路 306 弄 258 号	5 653
	新浦江城一居委	江桦路 400 弄 74 号	10 543
	新浦江城二居委	浦锦路 1286 号	6 012
	新浦江城三居委	江柘路 350 弄 126—127 号	4 836
	浦江颐城居委	浦晓路 298 弄 55 号 3 楼	6 708
	茉莉名邸居委	浦秀路 1536 弄 70 号	5 999
	浦江坤庭居委	浦秀路 1268 弄 46 号	8 692
	浦恒馨苑居委	浦锦路 2159 弄 39 号	5 993
	浦秀苑居委	浦秀路 1139 弄 65 号	5 992
	浦恒北苑居委	浦锦路 2385 弄 3 号	6 625
世博家园板块	世博一居委	浦驰路 50 号	3 798
	世博二居委	北江燕路 228 弄 16 号	5 003
	世博三居委	南江燕路 69 弄 25 号	7 187
	世博四居委	南江燕路 229 弄 12 号 4 楼	8 614
	世博五居委	浦申路 120 号	3 497
	世博六居委	联航路 1948 号 2 楼	4 630
滨浦、景舒的动迁板块	滨浦一居委	浦驰南路 238 弄 12 号	5 186
	滨浦二居委	浦驰南路 39 弄 32 号	5 173

续 表

板　块	居委名称	居委地址	常住人口/人
滨浦、景舒的动迁板块	滨浦三居委	浦雪南路 366 弄 14 号	5 325
	滨浦四居委	江汉路 751 弄 26 号	7 383
	景江苑居委	浦秀路 499 弄 44 号	6 806
	景舒苑一居委	浦雪路 351 弄 18 号	5 059
	景舒苑二居委	浦秀路 183 弄 30 号 101 室	6 085
	景舒苑三居委	浦雪路 179 弄 22 号	6 211
	陈行居委	北江洲路 280 弄 51 号	4 210

表 3－11　2024 年浦锦街道居民区板块划分相关情况

相关数据	总　计	商品房板块	世博家园板块	农民动迁房板块
居委数/个	26	11	6	9
入住人数/人	155 308	71 141	32 729	51 438

二、制度困境：浦锦街道居民区设置存在的问题

浦锦街道作为一个新析出的街道，且仍处于城镇化进程中，其居民区设置难免存在一些问题。

（一）居民区硬件建设存在的问题

随着郊区城镇化和城镇郊区化的双向推动，未来人口将进一步导入浦锦街道，人口总数和人口密度将进一步增加，而针对人口导入后的相应硬件建设，街道还应继续强化，包括居民区办公用房、居民区公共服务设施（公共体育健身场地、老年活动室、菜市场、垃圾集中收集点等）等。在硬件设施需要增加的同时，硬件设施的空间布局也亟待优化，特别是对于目前浦锦街道分散式的居民区格局而言，硬件资源的投入不仅是一个数量的问题，还需要考虑其空间布局结构的问题。

（二）居民区建设中的人员配备不足

居委会在建设过程中，很重要的是工作人员的配备，特别是居民区领头人的配备，同时，培养既熟悉政策、又具有丰富社会工作经验的居民区书记和主任是居民区治理中非常重要的内容。由于浦锦街道才建立不久，而城镇化引致的人口导入和农民市民化，使得居民区建设中熟悉现代社区治理的居委会干部还较为短缺。特别是随着未来城镇化的推进，村改居工作也将持续推进，对居委会干部的需求也将继续增加，因此，浦锦街道亟须在居委会干部上做好储备和培训。

（三）居民区空间布局还不甚合理

从浦锦街道的居民区空间布局看，三大板块还未能连续成片，尽管新成立的陈行居委会在一定程度上起到了连接南北的重要纽带作用，但中部地区还有不少是农村社区，这在一定程度上会影响整个浦锦街道的新型城镇化进程，也给居民区的治理带来了相应的挑战。例如，新浦江城第一居委和第二居委会之间还存在着陈行村委会的部分“飞地”地块，使得两个本应连续的居民区相互分离，这对于居民区之间的资源联动和整合产生了一定影响。又如，在滨浦新苑第三居委会和第四居委会之间也曾夹杂着亭子村村委会的飞地型地块，这既影响了亭子村村委会的治理，也给居民区管理带来了一定的挑战。当然，随着撤村设居改革的推进，飞地型治理的情况也将消除。

（四）居民区命名中存在的问题

浦锦街道的居民区命名特色不足，主要还是简单地以小区一期的名字为基础，对于拓展和后期入住的居委会按照“一、二、三、四”等数字递推来命名。这一方式尽管在管理上对于板块划分具有一定的优势，但是缺乏新意，不利于在统一的基础上，形成各个居民区更为有地域归属感的名称。

（五）浦锦街道办事处的行政驻地问题

街道办事处作为城市型管理建制，代表着所管辖的区域以城市化区域为主，而其行政驻地也应布局在城市社区。而目前，浦锦街道办事处位于康桥村村委会，偏离整个街道范围的几何中心，从政区管理中行政中心的设置而言，这违背了一定的规律，给社区治理带来一定的困难，至少在居民办事、会议召开等方面有交通不便利的弊端。

三、浦锦街道居民区规模设置的总体优化思路

针对目前浦锦街道居民区规模布局的现状和问题，笔者提出了浦锦街道居民区规模调整的总体思路、方案设想和配套政策。

(一) 指导思想

按照党的二十届三中全会提出的“坚持人民城市人民建、人民城市为人民”“推动形成超大特大城市智慧高效治理新体系”“深化城市安全韧性提升行动”等指导思想，贯彻落实上海市委市政府关于城市精细化管理以及建设安全韧性城市等战略任务要求，笔者充分考虑浦锦街道的发展实际，因地制宜推动街道居民区的幅度规模、人口规模和空间规模的调整设置，实现居民区治理的精细化、精准化。

(二) 基本原则

浦锦街道在推进居民区规模调整中应遵循以下基本原则。

(1) 以人民为中心的原则。人民是历史的创造者，是决定党和国家前途命运的根本力量。居民区的治理必须是以人民为所有工作的出发点和落脚点，把人民对美好生活的向往作为一切工作的指针。

(2) 社区精细化管理的原则。2017 年全国两会期间，习近平总书记在参加上海代表团全团审议时提出，城市管理应该像绣花一样精细。对于居民区工作而言，适度的人口、空间和幅度规模是居民区精细化治理的重要条件。

(3) 新型城镇化发展的原则。体现以人为本、生态优先的新型城镇化是浦锦街道作为上海城市郊区街道必须坚持的发展原则，而居民区的空间规模设置必须放在整体新型城镇化的大背景下进行思考。

(4) 社区治理现代化的原则。居民区的规模设置还必须能更好地促进浦锦街道社区的治理体系和治理能力现代化。在推进共治和自治过程中，合适的空间规模是有效推动共治、更好实现自治的关键因素。

(5) 积极稳妥的推进原则。居民区的规模调整毕竟涉及现有居民区治理的格局，因此，如要调整还需要在积极稳妥的原则下进行，特别是涉及农

村集体资产的处置，必须在维护老百姓根本利益的前提下有序推进农村集体资产的处置和撤村撤队工作。居民区规模的调整也应该成熟一个、调整一个，扎实推进。

(6) 因地制宜的民主推进原则。居民区规模的调整，必然涉及空间范围和边界的调整，在具体调整策略中政府相关部门应遵循因地制宜的原则，充分根据当地实际情况来进行调整，充分听取并参考当地百姓的意见和建议，对于调整的方案也应及时与相关居民进行沟通、协商。

(三) 浦锦街道居民区规模调整的思路方案

对于具体的调整思路，根据难易程度可以有三种思路。

思路 1：维持现有规模不变，强化资源优化配置。

在维持目前居民区基本设置的同时，政府相关部门应根据居民区眼前最为紧迫的问题补短板。例如，有的居民区的居委会书记或主任还未到位，街道可考虑通过让周边有丰富经验的居委会书记代为管理等方式，作为居民区筹备或领导空缺时的过渡方案，待该居委会领导配备到位后，则代管职责逐渐退出。对于居民区在硬件资源还处在建设期，但居民需求比较强烈的期间，可以与周边服务资源配套成熟的居民区进行协商，通过“跨界服务”的方式，暂时性解决周边居民的养老、健身、医疗、教育等生活配套需求。这一思路对现有居民区设置的影响最小，制度改革成本较低，但对于城镇化进程较快且复杂的地区，这一思路还难以实现对居民区的高效治理。

思路 2：针对目前存在的问题，对居民区规模微调。

对确实存在居民区规模偏大或边界形态不规整的居民区，街道可以采取适当微调的方式，来优化居民区的规模设置。例如，陈行居委会曾经的边界形态就是犬牙交错，街道可以在提前规划这类村庄撤村建居工作的基础上，适当调整居民区的空间规模。对于很多从农村社区中析出的居民区，或者是在住房小区基础上新设立的居民区，都涉及一个整体规划的问题。据此，街道可以提前做好空间布局，避免过渡时期居民区空间规模不适应带来的挑战。

思路 3：按照空间治理的理论，进行居民区规模理想化的调整。

根据克里斯泰勒中心地理论(行政规则下，一般是上级管理单位管辖 7

个下级管理单元最适宜)，以及泰森多边形(管理单元的边界应尽量根据管理服务中心的设置进行划分)等理想模型，笔者对浦锦街道居民区和农村社区的整体空间布局进行统筹考虑。但这一思路导致的调整成本较高。

(四) 幅度规模、人口规模和名称调整的调整策略

笔者从居民区的幅度规模、人口规模和名称调整三个方面提出浦锦街道居民区调整的策略。

1. 幅度规模视角的调整

根据克里斯泰勒中心地理论，居民点按照行政管理原则，应尽量为一个高等级中心地管辖 7 个下一级中心地。笔者根据这一原则，针对目前浦锦街道的村居空间布局，对整体街道空间内的居委会和村委会办公点进行理想型管理幅度的初步划分，其结果如图 3-3 所示。

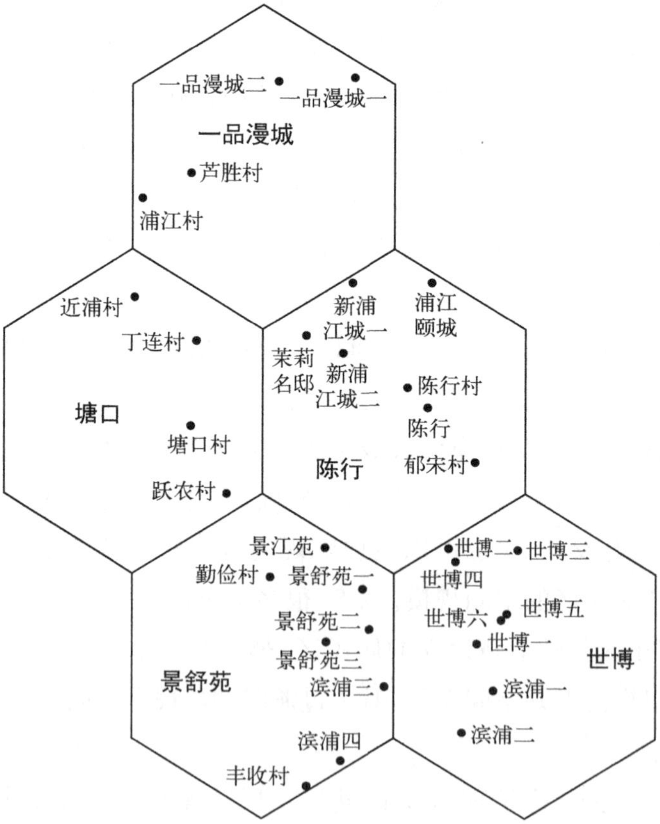

图 3-3 按照克里斯泰勒中心地理论重新划分的理想型居民区组团空间示意图

从目前浦锦街道的三大居民区板块的居委会数量分布来看，商品房板块包括 11 个居委会，世博家园板块包括世博一居委到世博六居委 6 个居委会，滨浦、景舒苑的动迁房板块则有 9 个居委会（见表 3 - 10）。从幅度来看，这三大板块的幅度是适当的。因此，如果从精细化管理和精准化服务的角度而言，街道可适当在这三大板块设置一个居委会联盟或居民区联盟的松散性组织或联合机制。这一组织或机制的作用是协同这三大板块内的居委会管理和服务工作，统筹三大板块的各类资源，对于板块内需要跨居民区进行资源配置、服务供给和管理整合的可以通过这一平台来推进，初步探索“街管社区”的管理体制创新模式。

2. *人口规模视角的调整*

居委会设置最主要的依据在于人口，包括租住和自住的人口总数量，以及独居老人、残疾人、单亲家庭、两劳人员、低保家庭、出租人口等特殊群体的比例。随着人口总数以及需要政府特别关注的特殊群体的数量的增长，政府的管理和服务压力也会逐渐增大，因此，需要增设居委会或增加原居委会的干部配置人数予以应对。特别是对于处在城镇化进程中的区域，其人口变动和流动的频率较高，因此，政府应实时动态掌握人口变动情况，因地制宜、因时制宜地增加居委会管理和服务力量，甚至新设居委会。“1＋6”文件要求对居委会管理和服务人口的数量原则上不超过 3 000 人，因此，居委会管理和服务人口的最佳规模应该为 3 000 人左右。当然，对于特殊人群占比高、低密度住宅占比大的居民区，应适当下调这一标准。对于突破这一人数的居民区，政府应及时采取相应的措施对居委会进行调整。

截至 2024 年底，浦锦街道 26 个居委会的平均居住人口数量是 5 973 人，所有居委会都超过 3 000 人。其中人口最多的是新浦江城第一居委会，其管理和服务的常住人口达到 10 543 人；人口最少的是滨浦四居委，其人口数是 3 497 人。因此，从人口规模的角度而言，需强化这些居委会的管理和资源服务配置。

3. *居委会名称的调整*

目前浦锦街道的居委会名称设置上还存在名称过长、过于单一化、特色性不强等问题。而对于处在城市化进程中的浦锦街道而言，从历史地名文化保护和“记住乡愁的城镇化”视角而言，政府应更好地挖掘当地的历史文化特色。简单地以“一居、二居”等数字化排列作为居委会名称在中心城区还可理解，对于地名资源和历史文化资源丰富的郊区而言，居委会名称设置上可以有更多创意。这不仅可以提升居民的认同感和归属感，而且是调动自治力量的重要路径。因此，笔者建议以特色地名、路名、人名、历史故事等作为居委会命名的重要依据，对现有单调的居委会名称进行优化调整。

随着我国第一个百年奋斗目标的实现，在迈向第二个百年奋斗目标的过程中，城市尤其是超大特大城市，已代表区域、代表国家参与全球竞争与合作，是建设富强、民主、文明、和谐、美丽的社会主义现代化强国的重要组成部分。然而，随着快速城镇化的推进，城镇化也正在从增量到存量、从数量到质量、从建设到更新、从速度到效益、城市短缺向城市过剩等转型。尤其对于超大特大城市这样的空间载体而言，在充分发挥其规模和集聚效应、增长极效应来生产新技术、新产业、新业态、新模式甚至新生活、新文化、新文明的同时，城市也可能产生潜在风险和安全隐患等。如何让超大特大城市在新的发展阶段，能继续重塑新动力、新优势，避免城市空间的“二重性”而导致动力降速、优势衰减，甚至收缩，一方面国家需要树立“人民城市”重要理念，通过让更多主体享受城市发展红利，并激发其主动性、积极性；另一方面，城市政府需通过精细化、全周期、智能化、韧性化的基层治理来拉长城市长板，规避城市短板，进一步发挥超大特大城市的发动机作用，持续代表中国参与全球竞争，带动国家跨越“中等收入陷阱”，进而实现第二个百年奋斗目标。

政区治理作为超大特大城市中国式现代化的独特路径，将通过规模优化、空间均衡、地名归属、层级治理、跨界协同等政策路径影响和推动超大特大城市治理的现代化，进而为国家顺利实现第二个百年奋斗目标做出贡献。当然，本书在针对超大特大城市规模管理、精细管理、应急管理、新城建设、区域协调等方面与政区治理的关联逻辑和优化路径分析上可能还不充分，有些超大特大城市正在推进的一些典型的发展趋势也给现有政区治理带来了挑战，但本书未系统涉及。例如，数字智慧城市建设中政区层级扁平化、政区管理幅度的影响；创新创业城市建设中基层行政区—社区体系产城融合等的影响；生态绿色城市建设中城乡建制名称和转换机制的影响；城市软实力和品牌建设中的政区专名和通名的影响；城市更新、城乡融合对政区治理的影响；等等。

以上这些领域的研究，目前笔者仅有一些初步的判断和认识，还未形成系统性的研究，笔者也希望将来在充分调研和深入思考后，力争能形成一个更为完整的超大特大城市政区治理研究序列。尤其要指出的是，全面数字化转型对超大特大城市政区的深刻全面影响，从数字化重塑城市治理的角度而言，数字化对超大特大城市政区治理也将带来"系统性"和"革命性"的挑战。

推进国家治理体系和治理能力现代化，必须抓好城市治理体系和治理能力现代化。运用大数据、云计算、区块链、人工智能等前沿技术推动城市管理手段、管理模式、管理理念创新，从数字化到智能化再到智慧化，让城市更聪明一些、更智慧一些，是推动城市治理体系和治理能力现代化的必由之路[①]。超大特大城市在数字化转型上具有先发优势，在"城市大脑""数字政府""一网统管"等数字治理背景下，政区格局也需要及时调整，包括数字化治理为缩减行政层级、推动扁平化改革提供了技术支撑。这对于"二级(三级)政府、三级管理、四级网络"体制将带来重塑性的调整。2022 年，笔者曾前往上海大数据中心调研，调研了解到，中心城区市辖区在数字化治理中的定位就较为模糊，市里作为制定标准、统一指挥、构建底座的定位较为清晰，街镇村居作为一线发现、落实处置、反馈效果的定位也较为清晰，而市辖区在其中的定位目前较为模糊。过去近 3 年了，这一问题依然存在，这也是城市数字化转型中的结构性问题。此外，在数字化治理背景下，管理幅度大为拓展，对于超大特大城市、超大区域以及超大街镇和社区而言，政府可以利用数字化手段实现宽幅度的精细化治理，这就为进一步缩小基本管理单元的尺度提供了可能。

此外，超大特大城市的城区街道办事处政府驻地，由于难以适应数字治理以及重心下移带来的对办公空间的需求，不少街道办事处驻地迁移调整

---

① 伍爱群. 抓好城市治理体系和治理能力现代化(深入学习贯彻习近平新时代中国特色社会主义思想)[N]. 人民日报，2024－06－20(9).

将逐渐提上议事日程。而针对驻地迁移这一基层行政区划调整中的选址评估、风险评估等工作也需要不断规范化和标准化。

总之，超大特大城市在中国式现代化进程中还将面临各种新理念、新技术、新模式、新业态的挑战。这也是超大特大城市这一特殊空间存在的价值和意义。然而，如何让超大特大城市在发挥集聚效应、规模效应、范围效应、放大效应、向心效应、财富效应的同时，避免出现不均衡、不平等、不安全、不公平、不正义等负面影响，这就需要城市治理来趋利避害、统筹协调、取长补短。而行政区划作为空间权力配置的重要政策工具，将在其中发挥重要功能。本书仅仅是一个初步探索，如何吸收前辈在行政区划方面深厚的理论知识，并借鉴中国在行政区划治理上丰富独特的实践历程，将这一中国式现代化的空间治理政策工具集，引入最新的、鲜活的、火热的超大特大城市发展实践中，还有很多工作要做，有很多问题需要思考。笔者也希望和同仁们共同持续关注这一领域，希冀探索出一条超大特大城市治理中国式现代化的路径，并在“讲好中国故事”中总结归纳出相关的共性规律，为中国式现代化的理论构建和政策实践做出应有贡献。

参 考 文 献

[1] 曹正汉. 中国上下分治的治理体制及其稳定机制[J]. 社会学研究，2011，25(1)：1-40，243.
[2] 戴均良. 中国市制[M]. 北京：中国地图出版社，2000.
[3] 邓大才. 复合政治：自然单元与行政单元的治理逻辑——基于“深度中国调查”材料的认识[J]. 东南学术，2017(6)：25-37，246.
[4] 姜晓萍，陈朝兵. 我国基本公共服务体系的共同趋势与地区差异：基于国家和地方基本公共服务十二五规划的比较[J]. 上海行政学院学报，2013，14(6)：4-16.
[5] 厉以宁，艾丰，石军. 中国新型城镇化理论与实践丛书[M]. 北京：中国工人出版社，2014.
[6] 刘君德，范今朝. 中国市制的历史演变与当代改革[M]. 南京：东南大学出版社，2015.
[7] 刘君德，靳润成，周克瑜. 中国政区地理[M]. 北京：科学出版社，1999.
[8] 刘君德，马祖琦，熊竞. 中央直辖市政区空间组织与制度模式探析：理论架构、比较分析及实证研究[M]. 南京：东南大学出版社，2012.
[9] 刘君德，汪宇明. 制度与创新：中国城市制度的发展与改革新论[M]. 南京：东南大学出版社，2000.
[10] 刘君德. 论中国建制市的多模式发展与渐进式转换战略[J]. 江汉论坛，2014(3)：5-12.
[11] 刘君德. 县下辖市：尝试一种新的政区制度[J]. 决策，2005(4)：34-35.
[12] 罗伯特·E. 帕克. 城市：有关城市环境中人类行为研究的建议[M]. 杭苏红，译. 北京：商务印书馆，2016.
[13] 彭冲，陆铭. 从新城看治理：增长目标短期化下的建城热潮及后果[J]. 管理世界，2019，35 (8)：44-57，190-191.
[14] 浦善新. 中国行政区划改革研究[M]. 北京：商务印书馆，2006.
[15] 渠敬东. 项目制：一种新的国家治理体制[J]. 中国社会科学，2012(5)：113-130，207.
[16] 荣敬本，等. 从压力型体制向民主合作制的转变：县乡两级政治体制改革[M]. 北京：中央编译出版社，1998.
[17] 孙斌栋，吴雅菲. 中国城市居住空间分异研究的进展与展望[J]. 城市规划，2009，33 (6)：73-80.

[18] 陶卓霖，程杨，戴特奇，等. 基于公平最大化目标的2020年北京市养老设施布局优化[J]. 地理科学进展，2015，34 (12)：1609 - 1616.
[19] 田穗生，罗辉，曾伟. 中国行政区划概论[M]. 北京：北京大学出版社，2005.
[20] 王佃利. 现代市政学[M]. 北京：中国人民大学出版社，2004.
[21] 王丰龙，刘云刚. 中国行政区划调整的尺度政治[J]. 地理学报，2019，74 (10)：2136 - 2146.
[22] 王开泳，陈田，刘毅. “行政区划本身也是一种重要资源”的理论创新与应用[J]. 地理研究，2019，38(2)：195 - 206.
[23] 王浦劬，汤彬. 论国家治理能力生产机制的三重维度[J]. 学术月刊，2019，51 (4)：65 - 72，120.
[24] 熊竞，陈亮. 城市大型社区的治理单元再造与治理能力再生产研究：以上海市HT镇基本管理单元实践为例[J]. 中国行政管理，2019(9)：56 - 61.
[25] 熊竞，罗翔，沈洁，等. 从“空间治理”到“区划治理”：理论反思和实践路径[J]. 城市发展研究，2017，24 (11)：89 - 93，124.
[26] 熊竞. 国外市制模式的经验借鉴：兼论我国的设市制度[J]. 江汉论坛，2014(3)：12 - 16.
[27] 熊竞. 区域城市一体化的政区逻辑：政区治理化与治理政区化[J]. 上海行政学院学报，2022，23 (1)：65 - 73.
[28] 熊竞. 我国特大城市郊区“域”行政区划体制研究：以上海为例[M]. 南京：江苏人民出版社，2015.
[29] 熊竞. 政区三要素框架下的中国当代市制：演进逻辑与优化路径[J]. 学术月刊，2020，52 (7)：81 - 92.
[30] 徐勇，赵德健. 找回自治：对村民自治有效实现形式的探索[J]. 华中师范大学学报(人文社会科学版)，2014，53(4)：1 - 8.
[31] 许学强，周一星，宁越敏. 城市地理学[M]. 北京：高等教育出版社，1997.
[32] 薛澜，钟开斌. 突发公共事件分类、分级与分期：应急体制的管理基础[J]. 中国行政管理，2005(2)：102 - 107.
[33] 张昇平，曾刚，熊竞. 科技驱动型新型城镇化：以上海张江为例[M]. 北京：中国工人出版社，2015.
[34] 赵聚军. “控制—服务”：当代中国行政区划改革的应然导向[J]. 上海行政学院学报，2009，10 (6)：68 - 74.
[35] 周黎安. 中国地方官员的晋升锦标赛模式研究[J]. 经济研究，2007(7)：36 - 50.
[36] 周雪光. 中国国家治理的制度逻辑：一个组织学研究[M]. 北京：生活·读书·新知三联书店，2017.
[37] 周振鹤. 行政区划史研究的基本概念与学术用语刍议[J]. 复旦学报(社会科学版)，2001(3)：31 - 36.
[38] 朱传耿，仇方道，孟召宜，等. 省际边界区域协调发展研究[M]. 北京：科学出版社，2012.
[39] 朱光磊，何李. 从竞争到伙伴：中国市制改革的政治逻辑[J]. 南开学报(哲学社会科学版)，2017(1)：1 - 11.

索　引

后　记

本书是继我博士论文、博士后出站报告公开出版后的又一本关于行政区划研究的专著。它是我在思考中国式现代化与超大特大城市政区治理关联逻辑的基础上，将前期相关论文和课题报告中自己负责的部分摘取出来，加上后期的补充、完善和优化形成的。它也是我进入上海交通大学工作以来对城市行政区划持续思考的一个阶段性成果。

感谢在研究中给予我各方面帮助的师长和同仁，特别是部分论文的合作者，他们给了我不少有益的启发。感谢上海交通大学出版社学术著作出版基金的资助，特别是在全书成稿编辑中得到了上海交通大学出版社徐唯老师的大力帮助，她以高度的责任心加班加点、尽心尽力，让书稿得以顺利出版。感谢我的 MPA 学生任多，她在自身繁杂的工作和学习任务之余，还不厌其烦地帮我修改图表、文字和格式。最后要感谢我的家人，自进入新的工作单位以来，我也面临了不少转型的挑战，有时也难免把情绪带回家里，正是他们的包容让我能全身心投入工作。